Yes We Cam !

Du même auteur

Jean Le Cam

Toutes voiles dehors
Prolongations, 2009

Mes tours du monde à la voile
Solar, 2009 et nouvelle édition 2021

Avec Emmanuel Guiavarc'h
Le Vendée Globe de Jean Le Cam, 2016-2017
En 80 jours (et quelques inédits !)
Coop Breizh, 2017

Avec Emmanuel Guiavarc'h
Le Vendée Globe du roi Jean Le Cam
Coop Breizh, 2021

Jean-Louis le Touzet

Un vélo dans la tête
Stock, 2014

Avec Loïck Peyron
Dictionnaire amoureux de la voile
Plon, 2020

Jean Le Cam
avec Jean-Louis Le Touzet

Yes We Cam !

Conversations avec Jean Le Cam

ÉDITIONS DU SEUIL
57, rue Gaston-Tessier, Paris XIXe

ISBN 978-2-02-148378-9

www.seuil.com

Préface

« Je suis parfois obligé de descendre à la cave pour remonter le meilleur des mots, comme une bonne bouteille »

J'ai souvent pensé que Jean m'avait pris en amitié parce que je ne connaissais rien à la technique, pas plus qu'en conseils de carrière, d'ailleurs. Pourquoi certains bateaux sont-ils étroits ? Et d'autres larges ? Pourquoi trois coques et non pas deux ? Et probablement que ça devait aussi le changer des confrères plus experts. À la vérité, Jean m'est vite apparu, comme la copie d'un modèle qui n'existe pas. Ou plus.

Quelques jours avant le départ d'une course en double, il y a bien quinze ans de cela, je lui demande quel est l'objet le plus précieux qu'emporterait un coureur. Question posée à toute la flotte. Il s'approche, frémissant d'aise, heureux comme un enfant qui va faire un coup pendable à un adulte. Comme s'il tenait au creux de ses grosses paumes un oiseau captif.

Puis il les ouvre d'un coup, soufflant dessus comme un prestidigitateur, laissant échapper de ses mains l'oiseau onirique : « Tu vois, mon seul objet, c'est l'imagination ! Et ça, tu ne pourras jamais ni la capter ni encore moins en faire une photo. » À l'intention du photographe qui m'accompagnait et qui en est resté coi.

Jean est à la fois « enraciné » et libre. Attaché à son Finistère, à sa famille et à ses chiens, mais aussi tourné vers « ailleurs », là où il y a des arbres, des oiseaux, l'océan, des bateaux, et les gens. Car Jean aime les gens, y compris les inconnus avec lesquels il peut passer des heures à discuter « de tout et de rien ».

Sans parler des animaux. Dans son jardin, il donne des prénoms aux hérissons. D'ailleurs la maison des Le Cam tient un peu de l'arche de Noé, puisqu'il y a aussi les taupes du jardin dans la zoologique arche du couple.

Le « questionneur » est souvent dans une position délicate. Parce qu'il se mettrait parfois en avant. Ou que ses questions seraient parfois « verbeuses ». J'espère en tout cas qu'on me saura gré ici de la relative brièveté des questions.

Avec Jean, je n'ai voulu être que celui qui « relance », celui du « rebond », avec le souci que la seule voix de Jean s'entende. La sienne. Tantôt lasse, au début, car Jean était épuisé à son retour de mer, lui d'habitude si vigilant était devenu presque étourdi. Puis, renouant rapidement avec sa vitalité, entrecoupée toutefois de silences, les yeux mi-clos, dans cette pièce du dernier étage, mi-cuisine, mi-salon, qui donne au loin sur la mer. Parfois tapotant la table de l'index : « Laisse-moi réfléchir. » Ou : « On ne va pas trop loin, là ? » Ce qui est savoureux venant d'un homme qui a passé sa vie derrière l'horizon.

Une longue conversation est comme un serpentin anti-moustiques qu'il faut laisser se consumer et qui peut-être piquera un peu les yeux de certains.

Pour autant se dessine après toutes ces heures un esprit de rigueur qui ne s'ouvre pas à l'irrationnel, mais parfois au rêve éveillé ou à l'ironie. Jean, qui vit au cœur de la « vallée des fous », comme l'avait appelée un jour Olivier de Kersauson, déteste la querelle de clans technologiques. Quels qu'ils soient. Sa volonté de ne pas être prisonnier vient sûrement de ces années où il s'est formé à ce métier de coureur au large qui n'était pas encore une profession.

Nous nous étions croisés au mitan des années 1990, alors que je couvrais la voile pour le quotidien qui m'employait. Avec ses trois victoires au *Figaro*, Jean passait déjà pour un mandarin du large. Un mandarin un peu rugueux, mais à l'œil toutefois pétillant, qui vous contemplait avec cette sagesse venue de loin en vous gratifiant d'une phrase qui faisait mouche et qui tombait juste comme le pli du pantalon – on ne disait pas « punchline » à l'époque. Parfois la griffe du félin pouvait sortir du manchon. Mais aussi bien la caresse : « Bon, c'est pas tout ça, les gars, on va passer à table, non ? »

Tout l'intéresse, à la vérité. Naturellement les dernières innovations, auxquelles le profane ne comprendra peut-être que goutte. Mais Jean sait toujours remarquablement vulgariser, sans simplifier, avec un verbe si imagé que chacun a l'impression d'avoir compris l'incompréhensible.

Ce qui est rarissime, c'est que Jean a toujours pris soin d'étudier les profils de ses interlocuteurs. Car Jean est d'abord un coureur-constructeur-questionneur. S'il n'a pas compris, alors lui réexpliquer. C'est la condition *sine qua non* pour gagner sa confiance. Avant d'entrer en conversation, il veut aussi savoir. Tourne autour de son interrogateur. Le renifle. Il s'est trouvé au cœur de la manufacture du livre et souhaitait savoir où nous allions. Loin, très loin, relativement loin, assez loin ? Pourtant Le marin visionnaire ne voyait pas la ligne d'arrivée. Pour être franc, le « questionneur » non plus.

Mais surtout, Jean n'aime pas tellement les questions à la sauvette. Il lui faut du temps pour développer. En l'occurrence, pour nous, un peu plus de vingt ans. Avec lui il faut passer à la cave, remonter par un soupirail, puis au grenier, passer à table pour de vrai, enfin s'asseoir sur un banc. Se taire. Attendre ensuite le sifflement de la bouilloire ou du percolateur. Ou alors le « ploc » du bouchon au moment du crépuscule. Et laisser défiler les heures.

Un coureur-constructeur comme lui n'est pas quelqu'un d'abstrait. Jean ne parle pas comme un livre, mais avait lancé l'idée, appuyée par Anne son épouse, de « faire quelque chose, un jour ». Cela voulait dire un livre ! Oui, mais quel livre ? Puis tout s'est éclairé : Et si on parlait, comme nous l'avions fait deux semaines avant le départ du – dernier – Vendée Globe ? interrogea-t-il. Ainsi, avec Jean, nous[1] avons esquissé le principe même de la longue

1. Était présent ce jour-là aux Sables-d'Olonne Dino Di Meo, ancien de *Libération*, ex-collègue et grand ami, proche de Jean et Anne Le Cam,

conversation à bâtons rompus, ignorant tous les deux que cela pourrait déboucher sur un tel projet trois mois plus tard.

Lui : « Tu te rends compte, on vient de faire une heure vingt d'interview ! C'est mon record du monde ! » Quand je lui ai dit, à son retour en janvier, que probablement il faudrait escompter plus de vingt heures, Jean a dit simplement : « Ah bon ! T'es sûr ? » Et pourtant, quand nous nous sommes quittés, fin mai, j'ai eu l'impression qu'il regrettait presque son « maître d'école » qui sonnait « l'heure de la classe », nos heures de conversation.

Car cette idée de « livre » est restée vingt ans à l'état d'échafaudage. Son premier Vendée Globe l'avait placé dans la case que les Anglo-Saxons appellent « *a character* » – autrement dit « un personnage », pour le milieu. Puis Jean est devenu avec les années l'incarnation du large pour le grand public.

L'énorme succès de son Vendée Globe l'a tout de même surpris, même s'il n'est pas non plus tombé de sa chaise. L'idée de départ du livre était surtout de ne pas réduire un marin-constructeur – il tient plus que tout à cette appellation – à une navigation de quatre-vingts jours, mais de plonger le lecteur dans une vie d'artisan du large qui refuse de s'enfermer dans d'étroites limites et qui combat les idées reçues, tout aussi technologiques, mais toujours avec un argumentaire, que certains qualifient de bon sens.

C'est pourquoi j'ai souvent trouvé que les propos de Jean avaient un goût de silex, comme les bourgognes

---

et auteur avec Antoine Grenapin des *Aventuriers du Grand Sud* (Hugo Image).

blancs septentrionaux très vifs – lui n'aime pourtant que le rouge –, avec ce petit goût de terre. Il aura fallu attendre vingt ans pour produire ces conversations, un peu comme un grand cru, avec tout le suc de son histoire.

Un grand merci à Anne et Jean d'avoir aussi bien accueilli le « questionneur ».

À propos, c'est la chambre du bas que je préfère.

Jean Louis Le Touzet

1

Un héros malgré lui

« … comme pris sur le vif.
Que ce soit presque… imparfait »

N'y aurait-il pas un malentendu à ton sujet ? On parle de toi parfois comme de quelqu'un de pas commode ? C'est un métier dangereux d'interviewer Jean Le Cam ?

Non, je ne pense pas, sincèrement. Il y a des moments où je n'ai rien à dire et en mer j'aime bien le silence à deux, par exemple. Un silence est souvent beaucoup plus parlant, d'ailleurs. À vrai dire, j'ai dû répondre une ou deux fois de manière un peu sèche à des questions un peu bêtes. Certains m'ont avoué que je leur faisais un peu peur. Et on a ensuite bien ri de la situation. Je ne permettais jamais d'être déplaisant avec une femme. Des questions sur la technique sont en général très chiantes pour le grand public, mais si en plus elles sont posées par quelqu'un qui se pique de technique, et qui en plus est très chiant, je peux vite décrocher, tout comme le lecteur. Ce qui ne veut pas dire que je n'aime pas parler technique, mais avec des techniciens. Puis réveiller, en mer, un solitaire, c'est toujours un peu dangereux. On peut se prendre un coup de griffe au téléphone. (Il se marre.)

Je suis un agneau. (Rires.) Sérieusement, non. Pourtant il y en a un qui a failli passer à l'eau avec son Nagra[1] sur le port de Saint-Barth. En 1994, nous gagnons avec mon pote Bilou [Roland Jourdain] la Transat AG2R. Soixante-trois secondes d'avance sur Bertrand de Broc et Marc Guillemot. Sur le quai, un journaliste de radio assez détestable que je n'ai jamais pu sentir. Un type ricanant et assez grossier. Le type me tend sa perche-micro. On n'a pas encore tout à fait accosté : « Toi, tu sais p'êt' nager, mais pas ton Nagra, alors recule ! » Je pose le pied sur le quai et préviens que je ne veux pas le voir à la conférence de presse de l'arrivée. Mini-conf' de presse qui se déroulait dans le carré d'un catamaran. C'était assez confidentiel, mais je dis au petit groupe de journalistes que je ne parlerai pas tant que ce « monsieur » sera là. Premier accroc. J'étais remonté aussi contre l'organisateur qui nous avait cherché des noises au prétexte que notre « cagnard[2] » s'était déchiré en mer avant l'escale – à l'époque il y en avait une à Madère. Mais le clou de la soirée, et le deuxième accroc, fut la remise des prix. Un peu emporté par la victoire, j'ai fini par pousser le fils de l'organisateur… dans la piscine avec sa chaise en plastique. Il l'a très très mal pris. Une victoire pour soixante-trois secondes, mais ensuite six mois d'emmerdements avec une menace de retrait de licence. J'ai vécu un grand moment de solitude. (Rires.)

1. Magnétophone enregistreur.
2. Toile fixée dans les filières avec des œillets, sur laquelle sont affichés le numéro du bateau et les parrains de la course.

Pour un homme qui ne parle pas, cette parole a été pourtant reçue par des millions de gens ?

C'est un malentendu de plus ! Il m'arrive aussi de beaucoup parler. Trop, peut-être, pour certains. Et de beaucoup me taire aussi. Mon silence est souvent mal interprété. J'écoute mon interlocuteur avant de parler. C'est une politesse que je lui dois. Je ne coupe pas la parole. Il y a souvent un « blanc » dans la discussion que certains interprètent mal, y voyant comme une sorte de refus de poursuivre. C'est tout le contraire, car je réfléchis à ce que je vais dire. Certains vont penser que suis ralenti. (Il sourit.)

Ce que j'apprécie avec les gens avec qui je travaille, ou avec qui je suis à table pour un déjeuner, par exemple, c'est qu'ils ne disent pas plus de dix phrases en une heure. Mais ce sont dix phrases qui valent en général leur poids. J'écoute alors plus que je ne parle. C'est valable en mer. Mais il y a eu, c'est vrai, une concordance qui a fonctionné avec la terre. Elle a fonctionné par le verbe. C'est surprenant et je n'en reviens toujours pas, car en mer l'écho renvoyé ne te parvient que partiellement. Je suis allé, à mon retour à Brest, visiter une unité de recherche au CHU. La chercheuse, d'origine allemande, qui me reçoit, derrière son masque, fond en larmes en me voyant. J'ai juste prononcé trois mots. Des mots de tous les jours, et tu sais que je ne suis pas un orateur. Que j'étais content d'être parmi eux. Ces médecins sont confrontés à la mort, à la souffrance. Je fais quoi avec les larmes de la chercheuse ? C'était lourd d'émotion. Ça m'a totalement chamboulé.

Comment expliques-tu qu'on se trompe à ton sujet ?

Ceux qui me connaissent savent que je ne suis pas un récitant du large, comme peut l'être Loïck [Peyron], par exemple. Lui est vraiment impressionnant d'aisance. Je l'ai encore écouté, intervenant sur la dernière Coupe de l'America en mars 2021, et c'était encore une fois époustouflant. Je n'aurai jamais sa fluidité. Son sens de l'à-propos, de la repartie, du long récit. On ne revient pas là-dessus : c'est le meilleur. Il a été de ce point de vue le plus grand des communicants dans le milieu de ces trente dernières années, sans parler de son énorme palmarès…

Pour certains, j'imagine que je suis presque son opposé. Ce qui peut déstabiliser mon interlocuteur, c'est que je peux commencer une phrase. Puis m'arrêter en route, chercher un mot. En inventer parfois aussi. (Rires.) De ce point de vue, il peut y avoir une rupture de communication. Comme si l'émetteur était tombé en panne. D'autres fois il fonctionne très bien et la ligne est claire.

C'est pour ça que je pense que je ne suis pas communicant, du moins si on devait me comparer à Loïck qui est – et a été – la référence. Mais qui oserait se comparer à Loïck, hein ? Je pourrais passer pour lent et Loïck si rapide ? Peut-être ? Est-ce que communiquer serait de donner aux journalistes ce qu'ils attendent de toi ? Ou aux sponsors ? Une réponse automatique ? Toute faite ? Avec un beau nœud dessus pour faire joli ? Non, je ne sais pas faire ça. Parfois aussi la question est si longue que le journaliste s'y perd… et moi aussi.

Certains me disent : « Ah, dis donc, toi t'es un sacré communicant ! » Ça me surprend qu'on pense ça. En fait, je n'ai pas changé depuis trente ans. Je mets toujours le même temps à répondre. (Il sourit.) J'ai revu dernièrement une interview donnée à France 3 Bretagne en 1998. Je suis le même type face aux questions.

Je te le confirme. Tu laisses parfois dans une sorte de mystère, ou de piste impossible à explorer, celui ou celle qui est en face. Tu réponds à la question, puis tu t'engages sur une autre idée.

Effectivement, ça m'arrive. Et je ne le fais pas exprès. Je peux aussi revenir sur la question qui ouvrait la conversation. Et aussi répondre à une question… qui ne m'avait pas été posée. Je suis désolé de donner parfois l'impression d'être « à côté ». Je ne sais pas pourquoi, d'ailleurs. L'esprit s'échappe et il se pose sur une autre problématique, comme l'oiseau sur une autre branche. Et ça peut être, je le reconnais, déroutant pour celui qui est en face…

Puis je reprends le fil, en en tissant d'autres, comme si les réponses avaient des petites racines comme les pommes de terre.

Et puis parfois il m'arrive de dire : « Je ne sais pas. » Pour éviter d'entrer dans un tunnel dont je ne verrais pas le bout. Ou parce que la question tombe à plat. Ou que je la trouve bête. Ou déplacée. Un jour, je suis interrogé sur la sexualité des solitaires sur le Vendée. Je me dis, le type pousse le bouchon très, très loin. Sa réponse était dans la question, en fait. Et je l'ai laissé à sa question. Loïck [Peyron] aurait, lui, trouvé une pirouette. Si le type avait eu du cran il aurait dû poser la question à « Kerso » [Olivier de Kersauson]. Bon, il ne serait pas sorti vivant de la pièce. (Il rit.) En tout cas, c'était scabreux et embarrassant. En fait, le gars n'a jamais bouclé son enquête. (Il sourit.) Au fond, si j'étais finalement un communicant, mais à mon corps défendant ? Sans le faire exprès ? Dans le sens de la vraie communication qui serait presque silencieuse ? Ou décalée ? Ou alors pas toute droite ? Pleine de virages, d'épingles à cheveux ? Je ne parle pas beaucoup, du moins si on devait me comparer encore une fois à Loïck qui est un vrai moulin à paroles. (Rires.) Mais dès que je l'ouvre, ça provoque parfois de légères démangeaisons. De petites poussées d'eczéma.

Je me suis demandé, et c'est encore le cas, pourquoi tant de gens avaient suivi ma course lors du dernier Vendée Globe. Je ne pouvais pas gagner. Je n'étais pas le favori. Il y a là un truc mystérieux. Si la forme de communication classique, du moins celle à laquelle on pense, à savoir ce filet continu d'eau tiède, des communiqués qui vont plonger le lecteur dans un profond sommeil, alors, là, oui, je ne suis pas dans la norme de l'époque. Mon langage, comme celui de certains coureurs, ne rentre pas au chausse-pied. C'est mal coté, trop mal taillé pour être bourré dans une petite boîte à chaussures.

La question « Qu'est-ce que la communication ? » a son pendant : « Qu'est-ce que ça veut dire de gagner le Vendée Globe ? » Les codes sont au fond les mêmes, car ils reposent sur… les anticodes.

Yannick Bestaven, selon moi, gagne sur des anticodes. On le sait, c'est un marin d'expérience, mais qui n'avait pas fait de tour du monde en solitaire. Il ne sortait pas de nulle part non plus. À bord d'un bateau éprouvé, l'un des plus simples des plus compliqués de la flotte. Avec sagesse, il pensait qu'il y avait mieux à faire que de tout repenser du bateau et de tout mettre en chantier, aussi pour des raisons de coûts. Et donc tout simplement, presque artisanalement, accumuler des milles et de l'expérience comme modèle de préparation. Une communication modeste, au ras de l'eau, pour un résultat qui a dépassé toutes les espérances, y compris les siennes.

J'ai longtemps pensé après coup à une phrase que m'a dite Pascale Clark[1] qui est venue m'interroger à domicile en avril dernier. J'étais surpris qu'une grande voix de la radio ne veuille pas atténuer les bruits autour de nous pendant la conversation. « Il faut, dit-elle, que ce soit brut, pas retravaillé, comme pris sur le vif. Que ce soit presque... imparfait », répétait-elle. Je me suis dit : « Mais oui, elle a raison ! Parce que c'est la vie. Pas la fausse, pas la vraie : la vie tout court. »

Peut-être parce que ma communication est aussi... imparfaite, que ça grésille, que c'est parfois haché et qu'on ne sait pas où je vais amener l'auditeur ou l'internaute ? Quitte à le laisser en chemin et à revenir plus tard le chercher ? Elle a ajouté en me quittant : « Jean, vous savez, la perfection est ennuyeuse. » Ça m'a travaillé, cette phrase. Parce que je parle, je crois, sans filtre. Ce qui m'a été parfois reproché par ceux-là mêmes qui pensent qu'on mettrait trop... de filtres. Je ne pense pas avoir de préjugés, tout au moins j'essaie d'en avoir le moins possible, et j'essaie de répondre en fonction de ce que moi je suis, de ce que je pense, au plus juste de ce que je pense aussi de moi-même. Ça fait forcément des virages, des « blancs » dans la pensée. Mais toujours avec sincérité. Sans calcul. Au risque parfois de déplaire, c'est vrai. Mais dire, c'est toujours s'exposer, non ? Enfin bon, ça, c'est la vie de tous les jours. Les prises de parole très lisses pour ne pas faire de remous, ce n'est pas trop le genre de la maison.

1. Dans « En balade avec... », sortie de la grille d'Europe 1 en juin dernier.

Et c'est quoi « le genre de la maison », au juste ?

Dans la vie de tous les jours je suis minutieux. Je ne m'énerve pas. Bon, de temps en temps, peut-être... mais j'ai de plus en plus de patience. Que j'ai gagnée avec les années. Mon côté appliqué, fignoleur, ressort de temps à autre. Et Dieu merci, je réussis partiellement à un peu lisser tout ça. Parce que cet aspect scrupuleux dans le travail, c'est un enfer pour les autres. Et pour moi en premier lieu. Un truc tout bête : je ne supporte pas de voir, quand je m'occupe du jardin, un caillou qui traîne. Là, oui, ça tourne à l'obsession. Mais pour en revenir au bateau, le détail à régler, qui semble sans importance et qui va être remis à demain, ou oublié, eh bien en mer je vais le payer cash. En mer, chacun de nous peut parfois avoir un côté paresseux, un peu feignasse. Tu n'as pas envie d'enfiler tes bottes, ton ciré. La mer est un peu dégueulasse. Tu te dis : « Bon, on verra ça plus tard. » À chaque fois, quand tu te laisses aller à une mini-crise de fainéantise, la mer et le bateau te présentent l'addition sur un plateau. C'est immanquable.

« Il faut le faire, Jean ! » Fais-le tout de suite, parce que sinon ça va être trois fois pire demain. Et ça ne loupe pas ! Et même chose dans la préparation. Ce sont toujours les petits trucs de rien du tout qui provoquent les grosses catastrophes. Et vu que j'ai soixante et un ans, j'en ai vu un certain nombre me tomber dessus... Dans le même temps, être si méticuleux passe par appliquer d'abord à soi-même cette règle.

Quand il m'est arrivé de t'appeler en mer, tu demandais des nouvelles... de la terre. On peut en être dérouté, non ?

Je pense d'une manière générale qu'il faut essayer aussi de ne pas trop dire, ne pas trop montrer, ne pas laisser trop transparaître. Mais effectivement, c'est vrai, je réponds souvent à une question par : « Alors, toi ça va ? Et ton boulot ? » J'aime bien inverser les rôles et interroger à mon tour celui qui m'interroge. D'abord parce les propos de l'autre m'intéressent. En fait, je me mets dans la peau de mon interlocuteur, souvent un ou une journaliste. Je trouve ça très amusant, surtout à terre, évidemment. De répondre parfois à côté aussi. (Il rit.)

C'est toujours intéressant le déséquilibre dans l'échange. Je l'ai fait avec une journaliste dernièrement. On a passé un vrai bon moment. Elle a fini par me raconter sa vie professionnelle, ses difficultés avec son rédacteur en chef, ses interrogations sur le métier, etc.

En mer, c'est forcément différent. C'est du factuel que l'on donne : je marche bien, j'ai empanné, etc. La routine du récit quotidien. Qui n'est pas forcément toujours passionnant. Mais j'aime bien être interrogé par une voix féminine lors des vacations avec la terre plutôt que par un homme qui serait presque sur le point de me dire ce qu'il aurait fait à ma place. (Il rit.) Tout ça pour dire que c'est intéressant aussi de voir des gens très différents, qui ne connaissent pas nécessairement ce métier de coureur au large, qui viennent t'interviewer et que tu finis par interviewer. À vrai dire, si je devais parler technique, il n'y aurait pas beaucoup d'interlocuteurs capables de tout comprendre. C'est comme essayer de suivre une discussion entre deux professeurs de médecine, c'est une langue étrangère, incompréhensible au commun des mortels. L'idée est de se mettre à la portée du public. Avec des mots simples. La technique est un outil au service du récit. Un récit qui dure… quatre-vingts jours. Et je pense que cette année j'ai été plutôt économe en mots. À bord, chacun est libre de parler. Il y a des jours où j'ai coupé l'interrupteur : on-off. Pas de nouvelles, bonnes nouvelles.

Effectivement on a eu l'impression d'une relative réserve en mots, de ta part, du moins au regard des éditions précédentes du Vendée Globe. Comme si l'« offre Le Cam » était devenue plus réduite, avec moins de peluches à bord, alors que la demande de la terre devenait presque insatiable. As-tu eu ce sentiment ?

Les peluches à bord, c'est l'enfance. Et ça peut paraître à certains un peu régressif. Et je m'en fous. Ç'a été une présence d'avoir des personnages avec lesquels j'entre en conversation. Je dois être resté un peu enfant. (Il rit). Honnêtement, pour la réserve en mots, je ne sais pas. Quand je poste une vidéo, je le fais sans me dire : « Ah, elle va être perçue comme ça. Ou alors comme ci. » Il y a des jours où je n'avais rien à dire à la terre. Ou pas envie. Ce n'est pas plus compliqué que ça. Il n'y a rien de calculé là-dedans. Je n'ai pas de dir' com'. (Rires.)

Parfois on me dit : « Mais Jean ! Est-ce que tu pourrais calculer un peu plus ? » Ou : « Tu te rends compte que parfois ça peut mettre les gens dans une situation d'embarras ? » Ah bon ? Allons ! On ne meurt pas d'un bleu au bras gauche, pas plus que d'une phrase qui a pu chiffonner. Si j'étais un « béni-oui-oui » ou un robinet d'eau tiède, le public pourrait se dire : « Tiens, on nous l'a changé. »

Parfois j'invente des mots. Je les concasse. Je malaxe la langue. Je n'ai pas l'outillage parfait des mots, comme Loïck, un vrai conteur. Ou Olivier [de Kersauson]. Alors j'en forge d'autres. Comme « humile », contraction de humble et… humide.

Parfois je me dis : « Quand même, Jean, on n'emploie pas ces mots-là. » Anne[1] est habituée à mon malaxage du vocabulaire. Je fais gaffe quand même, parce que je me laisserais facilement aller à tutoyer tout le monde. Des choses qui ne se font pas. (Il rit.)

Un lexique « lecamesque », avec des tournures de phrases qui sont des tournures grammaticales issues parfois du breton, où l'on retrouve parfois le verbe à la fin de la phrase, des « bretonnismes »…

Pourtant je ne parle pas breton. Et on ne parlait pas breton non plus à la maison. Mais sûrement des expressions bretonnes que j'ai entendues jeune et qui sont entrées dans ma langue. Par exemple « prendre son pegemen ». Ça veut dire se faire remonter les bretelles. C'est ce qui m'attend quand je vais revoir Jacqueline Tabarly, ma « marraine », que je n'ai pas appelée depuis que je suis rentré du Vendée. Anne l'a croisée au Leclerc. Et Jacqueline n'était pas contente de ne pas avoir des nouvelles de son filleul…

On a souvent dit que les Bretons chiffonnaient le français. Peut-être que je le fais sans m'en rendre compte ? Et c'est ce que les gens reçoivent. C'est un peu mystérieux, ce qui s'est instauré entre nous sur le Vendée. Partir dans une navigation au long cours, c'est prendre les gens par la

1. Épouse de Jean Le Cam.

main dans une histoire, car le Vendée est d'abord un long feuilleton. Et on les saisit par le verbe, l'image aussi de plus en plus, mais d'abord par la phrase. Les gens ont été percutés par les événements de la course, percutés aussi par la situation qu'ils vivaient à terre avec cette pandémie. Percutés encore par les trajectoires, percutés aussi par la manière dont la course au début s'est déroulée et qui m'a le premier surpris : « Oh, je suis devant. » En mer nous n'avons, même si nous sommes des solitaires connectés, pas le moyen de mesurer l'impact de cette « percussion ».

Il me semble que le nom de Le Cam est désormais l'égal de celui des grandes figures de la voile des années passées, identifiées par le grand public : Loïck Peyron, Florence Arthaud, Olivier de Kersauson. Des personnages qui ont dépassé le cadre de leur sport, notamment par leur forte personnalité. En es-tu conscient ?

Je suis vraiment mal placé pour juger. Je vais te décevoir, mais mon objectif était d'arriver, simplement. Même en mode dégradé. Arriver, même dernier. Mais couper la ligne. Une image : imaginons un ultra-marathon avec trente-trois partants. Aucune aide extérieure autorisée. Départ de Port-la-Forêt, arrivée au pied de la tour Eiffel. À Rennes, je me foule la cheville, alors que je suis dans les trois premiers. Pose d'une attelle en bois avec du gros Scotch de déménagement. Au Mans, l'attelle cède. Re-Scotch et du fil électrique trouvé sur le bas-côté de la route pour ficeler ma cheville à la nouvelle attelle. La douleur devient de plus en plus insupportable. Je réussis néanmoins à arriver en me traînant jusqu'à la ligne, sous la tour Eiffel, en décrochant la place… du con : loupant le podium, quatrième. C'est mon histoire. Sous la ligne d'arrivée, mon chef-d'œuvre extraordinaire et méconnu : mon « attelle en bois ». Qui a tenu. Et qui va regarder l'attelle ? Personne. C'est à la fois ma joie et mon drame. (Rires.)

Une des premières phrases prononcées quand tu as mis pied à terre en janvier dernier était : « Les concurrents du Vendée ont une capacité à oublier les difficultés et à oublier la souffrance : moi je n'oublie pas. » Et, bouclant ton quatrième Vendée en 81 jours, 5 heures et 59 minutes, huitième sur la ligne, mais quatrième suite aux compensations accordées pour le sauvetage de Kevin Escoffier (16 heures et 15 minutes), soit après correction 80 jours et 13 heures : « C'est une des lignes d'arrivée les plus dures que j'ai jamais coupées ! » Quel est le souvenir qui te vient immédiatement à l'esprit ?

Ce qui me revient, et qui me fait encore sourire, c'est justement l'attelle ! À mon arrivée personne ne s'est proposé de venir à bord admirer le chef-d'œuvre en carbone que j'avais construit grâce à la découpe des ballasts, puis des lattes de voile. Et qui m'a évité de sombrer.

À l'origine, un problème de délaminage de la coque. Schématiquement, une détérioration du matériau entraînant des cloques et des désagrégations par lamelles qui fragilisent la structure. Sans réparation, tu coules. Le « musée » était ouvert et personne n'est venu. Pourtant l'entrée était gratuite. J'ai détruit le chef-d'œuvre éphémère au chantier un mois plus tard. Tu sais, l'homme a cette capacité d'oublier rapidement la souffrance ; et c'est tant mieux ! Avec le temps vient l'effacement. Oublier la souffrance, c'est signifier qu'on est toujours en vie et que les plaies se sont peu à peu refermées. Ce Vendée Globe a été complètement exceptionnel par la situation qui prévalait avant le départ, sans compter la situation sanitaire : un quatuor de bateaux neufs, quasi intouchables. Qu'il faut mettre en regard avec la situation à l'arrivée.

Tout ce qui avait été prévu ne s'est pas réalisé. Les pronostics qu'ont faits les marins, les observateurs, les journalistes, ont été balayés. Rien ne s'est passé comme prévu et tout a été déjoué par les circonstances et les événements. Ce Vendée aura été une édition qui restera dans la mémoire du public et de la course au large. Huit concurrents en quatre-vingts jours. Jamais une arrivée ne fut plus serrée.

Tout le monde ignorait l'avarie de structure… ce qui s'est passé pendant les deux tiers de la course ?

Anne a tenu le secret. Je suis aux trois quarts de l'océan Indien. Deux jours après avoir débarqué Kevin Escoffier et repris la route. La première chose à faire quand je vois les dégâts de structure à l'avant, c'est de réparer. Et de me taire. Le fameux « bien faire fait taire ».

Seul Jacques Caraës, en qui j'ai une confiance absolue, à la tête de la direction de course, a été mis dans la confidence. Et si en plus les assurances s'en mêlaient, j'étais foutu. Elles allaient me demander de m'arrêter, etc. Mais tu t'arrêtes où, dans le grand nulle part ?

Mon équipe n'est pas au courant. Anne, Jacques : c'est tout. Ma réparation tient. Mais il y a le Pacifique à franchir. Au début du Pacifique je suis très à l'aise, c'est très facile. Pas de mer, peu de vent, ça se passe bien. Milieu du Pacifique, dépression, de la mer, ça re-pète. Bon, là tu te dis : « Rebelote ! » J'avais commencé juste à changer de vêtements la veille. (Il rit.) Enfilé du linge propre et quitté enfin ma tenue de chantier, comme un sou neuf. Je ne m'étais même pas changé complètement, que ça casse à nouveau ! Re-re-réparation. Et je me dis : « Bon, maintenant tu vas peut-être envisager de t'arrêter au cap Horn. Au moins pour faire un check du bateau. » Donc je renfile mes T-shirts souillés de carbone en me disant : « Jean, tu ne vas pas salir deux jeux de T-shirts, tout de même ! »

Financièrement, pour notre petite structure, ç'aurait été un coup terrible de stopper le bateau. Cela signifiait acheminer de France des compétences sur place. Des billets d'avion, une logistique lourde. Déjà qu'on avait des budgets étriqués. Comment faire ensuite pour ramener le bateau en Europe ? Sans compter les problèmes d'assurance.

Par-dessus le marché, un stop au cap Horn entraînait une quarantaine au Chili. Au moins quinze jours... On était perdus. J'étais perdu. Heureusement, le Crédit Agricole du Finistère a été à la hauteur. Le directeur général, Benoit Lucas, nous a fait savoir qu'il prendrait tous les frais à sa charge en cas d'arrêt. Ce sont des gens sur lesquels tu peux compter dans les coups durs. C'est rare. Précieux. Et ça ne s'oublie pas. Entre-temps, il y a 50 nœuds au cap Horn. La mer est impossible. Monter sur le plateau continental signifie passer de 4 000 mètres à 400 mètres avec un bateau fragilisé. C'était de la folie. Donc je fais le grand tour. Je passe à 100 milles du cap Horn. Évidemment, ceux qui coupent le fromage passent devant, dont Louis Burton. Et je poursuis vaille que vaille. Inquiet, stressé. Puis voilà la température de l'eau qui remonte. Je n'osais même plus ouvrir la « porte noire », celle qui conduit à la réparation. L'ouvrir me déchirait le cœur. Je l'ai fait pourtant. Chaque jour avec une montée d'angoisse. Ça tient ? Ça tient !

Et puis un jour la mer se calme. Mer plate. Le bonheur absolu. Mais toujours cette « porte noire » qui s'ouvre sur ma « réparation ». Et cette angoisse de descendre, de la pousser. J'en ai encore des sueurs. Ma boîte de Pandore. C'est un truc que jamais je n'oublierai. Chaque soir j'appelais Anne. Elle connaissait évidemment la situation. Mais pas une seule fois elle ne m'a demandé : « Est-ce que tu es allé voir si ça tenait ? » En fait, avant de l'appeler, je descendais dans ma « boîte noire ». Tu sais, j'ai été dans la tristesse la plus profonde, la plus terrible. J'étais un vrai miséreux pendant quarante jours. Puis voilà que tu mets pied à terre. Les mille mercis de ces gens le long du chenal des Sables, à deux heures du matin : un bonheur extraordinaire. Inouï ! Et aussi : « Jean, tu ne peux pas savoir à quel point tu nous as fait rire. » Comment ça, rire ? Alors là, les bras m'en sont tombés. J'étais au bord des larmes pendant un mois et demi. Rire ? À l'arrivée, certains m'ont dit : « On a bien vu dans ta trajectoire que tu n'allais plus aussi vite qu'avant. » Tu parles ! Ma trajectoire était la matérialisation de l'angoisse, de mes difficultés. De ma détresse, au fond.

Mais le bonheur était présent à l'arrivée aux Sables-d'Olonne ?

Oui, mais pas avec la même intensité que lorsque j'ai déjeuné avec mon équipe en avril dernier. On ne s'était pas revus depuis l'arrivée du Vendée Globe. J'étais tout le temps pris par des obligations post-Vendée : interviews et sollicitations les plus diverses.

On est là, au chantier. Rien que nous. Dans notre intimité. Tu ne peux pas imaginer à quel point je suis content et fier d'eux. J'ai encore pleuré. Des larmes de remerciement pour l'équipe. Ils me disent : « Tu sais, Jean, on n'en a jamais parlé et on ne savait pas si tu étais content du travail… »

Et comme je ne sais pas toujours trouver les mots justes pour dire que je suis content, j'ai pleuré. Tu sais que je ne dis pas grand-chose d'habitude… Tu sais que je ne dis jamais que je suis content. Ça ne sort pas… C'était un moment magique. Ils sont cinq autour de moi. Je leur demande à tour de rôle : « Et toi, qu'est-ce que tu veux faire ensuite ? » Et ainsi de suite. Chacun a pris la parole. Ils sont si différents, leurs parcours sont si inhabituels. L'un vient du monde du nautisme, l'autre de la Mini-Transat, du monde des petits bateaux, etc. Et j'ai re-pleuré. Il y a à la tête de l'équipe un type qui vient du monde équestre et qui s'est formé à l'INB[1]. Un Corso-Breton. Un super organisateur.

En comparant toutes les équipes que tu as dirigées depuis ton premier Vendée, dirais-tu que c'est l'un des groupes les plus attachants que tu aies connus ?

J'ai vécu, et ils ont vécu pendant trois ans avec moi. C'est pas simple, et je ne suis pas simple à vivre… Je leur ai souvent botté le cul, tu sais. J'ai connu des équipes avec des expertises parfois supérieures, c'est vrai. Certains, qui étaient chez nous, ont intégré d'autres équipes et on continue de se croiser. C'est un petit monde… Mais ce qui fait la valeur d'un groupe, c'est sa cohésion. Une cohésion sans accrocs, sans ego, tendue vers un objectif. Une volonté, aussi, de se surpasser en acceptant l'obsession de perfection qui est la mienne. Ce qu'ils ont fait pendant trois ans. C'est génial. Et je les en remercie du fond du cœur.

1. Institut nautique de Bretagne.

2
L'enfance

« Faites ! Osez ! »

À lire les portraits faits de toi, on a l'impression qu'Éric Tabarly, que tu sollicites pour le tour du monde en 1981, serait à l'origine de ta carrière ?

Pas du tout, c'est mon père. (Silence.) C'est lui qui m'a fait naviguer et encouragé à courir. Je devais avoir douze, treize ans (même si j'avais débuté le *Vaurien*[1] à huit, neuf ans). Ma sœur aînée, Michelle, courait aussi de temps en temps avec nous. Il y avait aussi Hubert Desjoyeaux, mon copain d'enfance, le frère de Michel, qui a ensuite épousé Monique, ma sœur. On participait aux entraînements d'hiver. On était totalement branchés course. On peut parler de transmission en ligne directe : mon père, moi, ma sœur Michelle. Et toujours Hubert dans le paysage. Parfois je dormais chez lui. Puis, peu à peu,

1. Dériveur dessiné par Jean-Jacques Herbulot en 1951 pour l'école des Glénans.

Michelle et moi, avec Hubert, sommes devenus le moteur de cette passion transmise par mon père. C'est nous qui préparions les bateaux. On les carénait. On séchait l'école le samedi matin pour aller caréner *Mervent*, le deuxième Armagnac de la famille, à La Trinité. Nous habitions alors à Quimperlé où mon père était en poste aux Ponts et Chaussées.

Henri, le père d'Hubert, n'était pas du tout versé dans la compétition. Le mien, Louis, a toujours été un compétiteur amateur. Il aimait le combat sur l'eau, participait aux entraînements d'hiver et parfois à des épreuves en Angleterre. On a même descendu deux Armagnac – *Iroise* et le nôtre, *Mervent* – sur un porte-char pour aller à Marseille et participer à la semaine de régates organisée par la Société nautique de Marseille (SNIM). Je devais avoir quinze, seize ans. *Iroise* était notre concurrent de l'époque.

Mon père avait trouvé un arrangement pour se faire prêter cette énorme remorque pour bulldozer. Et nous voilà dans la cabine du camion pour quinze heures de route. Et toute cette route pour finir troisième ! Il y avait du petit temps à Marseille et ce n'a jamais été notre point fort. Nous, c'était la brise. Mais je me souviens de ces trois jours à Marseille comme d'une super-expérience.

Comme ingénieur des Ponts, mon père, au sein de la direction départementale de l'Équipement et chargé de la maîtrise d'œuvre, avait participé à la construction du pont de Bénodet[1]. On changeait de ville au gré de ses affectations : Châteauneuf-du-Faou, Quimperlé, Quimper. Ma petite enfance s'est déroulée à Châteauneuf-du-Faou jusqu'à mes dix ans. Mais le point d'ancrage a toujours été

1. Pont de Cornouaille reliant le pays de Fouesnant au pays bigouden.

Port-la-Forêt où l'on venait en vacances l'été. On mettait la caravane dans un jardin. Puis les parents y ont acheté une maison. Mon père est décédé quand j'avais dix-huit ans. Je crois qu'il n'avait plus très envie de la vie... Ma mère est restée jusqu'à ses dernières années dans la maison familiale de Kerleven (La Forêt-Fouesnant).

Il y a peu de temps, j'ai regardé les photos de l'époque. On voit mon père sur son Grondin. Puis sur sa Corvette. Son premier Armagnac, son second Armagnac, construit chez Aubin, à Nantes. La « Rolls » de l'époque, avec le safran sous la voûte. Le Grondin et la Corvette, c'était plutôt pour les sorties en famille.

D'où sont originaires les Le Cam ?

L'histoire de la famille, c'est une affaire qui ne m'a jamais vraiment intéressé. Ma grand-mère maternelle était de Pleyben (Finistère), dans le centre Bretagne. Et du côté de mon père, c'était Lorient. Sa sœur habitait d'ailleurs là-bas. Leur père était mécanicien dans la Marine, autant que je m'en souvienne. J'avais une tante, du côté paternel, à Toulon, qui m'offrait des mouchoirs à chaque rencontre. Et pourquoi des mouchoirs ? Mystère. Lorient-Toulon. La Marine nationale. Et les mouchoirs.

Ma grand-mère paternelle était garde-barrière. Je pense que mon père a été le premier de la famille à faire des études supérieures. Il prend son poste à Châteauneuf et rencontre ma mère qui habite à cette époque à Pleyben. Un peu plus de trente kilomètres entre les deux communes. Un monde clos. On ne voyageait pas. Et traverser la Bretagne était déjà presque un voyage.

Ingénieur des Ponts, c'était un statut social dans les années 1960. Comme celui d'instituteur. On l'appelait comment ? Monsieur l'ingénieur ?

Possible, je n'ai pas de souvenirs précis. C'est curieux que tu me demandes ça, parce que aujourd'hui les bateaux sont désormais des bateaux d'ingénieurs plus que d'architectes. Pour mon père, cette transmission s'est faite quand je suis monté sur un bateau. La compétition m'a tout de suite accroché. Le bateau pour aller se promener, ce n'était pas mon truc. Aller plus vite que le voisin, oui. Gagner, oui. Et ça n'a pas changé depuis mes douze, treize ans. Est-ce que j'aurais pu me diriger vers le cyclisme qui était le sport populaire par excellence en Bretagne ? Je ne me suis jamais posé en fait la question. Oui, pourquoi pas… ?

Tu te souviens ce qu'il te (vous) disait à bord ?

« Faites ! Osez ! » Et on faisait. Un apprentissage sur le tas. Il y a eu ensuite le centre nautique de Cap-Coz et la Société nautique de Concarneau. Henri Desjoyeaux avait l'habitude de dire que si on se débrouillait bien sur l'eau, c'est qu'on avait appris de nos erreurs. La transmission se faisait d'une seule phrase : fais-le.

Le père de Loïck Peyron lui disait : « Si tu ne sais pas, regarde dans le dictionnaire. »

Loïck et moi avons le même âge et je découvre que nos pères appliquaient la même méthode. C'est incroyable ! Apprenez par vous-mêmes. Si ça vous plaît, continuez, etc. Visiblement ça a marché. (Rires.)

À cette différence près que le père de Loïck, commandant de marine marchande, pensait que le métier de coureur au large n'était pas un vrai métier. Et l'a foutu à la porte à dix-huit ans, car Loïck, précisément, voulait en faire son métier.

J'ai tout de suite compris que le métier que je voulais faire était coureur… et constructeur. Je me serais de toute façon passé de son autorisation. J'étais ado. Un jour, il est entré dans ma chambre. Nous étions à Quimperlé. « Je ne veux pas qu'on fouille dans mes affaires, lui ai-je dit. Ça ne te regarde pas ! » Et là, plus jamais il ne s'est permis de pousser la porte de ma chambre. Pour autant, je ne pense pas qu'il l'ait mal pris. La chose avait été dite. C'était entendu.

Une autre fois, je devais avoir seize, dix-sept ans, on s'engueule pour une raison futile. Le ton de la discussion monte. Il avait dû me dire que j'étais encore chez lui et que je devais me plier à ses ordres. Je suis parti à pied avec mon sac : « Si je ne suis pas chez moi, je m'en vais ! », j'ai dû lui répondre. Ma mère lui a passé une soufflante : « Va chercher Jean ! » Il m'a trouvé marchant au bord de la route. Le fait qu'il fasse l'effort de venir me chercher était une forme d'excuse de sa part. On n'en a jamais reparlé. En me remémorant cette anecdote, je pense à Loïck et à son père. Des pères avec des caractères et de très belles carrières.

Mon père était adepte d'une pratique sportive de la voile. Son premier Armagnac, safran au tableau, a décidé de son goût pour la compétition.

Il s'était mis en tête d'acheter le nouvel Armagnac à sa sortie, en 1972, à l'occasion du Salon nautique qui se tenait alors au CNIT, à La Défense. Je tenais à l'accompagner alors que j'étais malade. Ma mère m'avait bourré d'antibiotiques. Mon père hésitait entre le Flush Poker et l'Armagnac. Deux voiliers habitables, six couchettes, même longueur. L'Armagnac était un peu plus cher et le Flush Poker marchait bien aussi dans la classe 6 (classe internationale). Moi, je voulais juste l'Armagnac. Et on a acheté l'Armagnac. J'avais fait pencher la balance. En fait j'avais déjà fait des dessins, la déco du bateau : noir avec la bande orange. Tel qu'il est aujourd'hui.

De retour en Bretagne, on file à Nantes pour voir l'avancement de la construction au chantier Aubin. Puis ensuite, direction Lorient à la voilerie Tonnerre : là, plus de volume… là, un peu moins, etc. On était très performants dans la brise, mais pas assez dans le petit temps, avec des voiles trop plates.

Dans la brise, on était imbattables. *Mervent* était alors un avion de chasse. On était intouchables. Il n'y avait que nous, sous spi, avec 35-40 nœuds. Allez, en avant le *Mervent* !

Mon père à bord. Michelle, ma sœur. Et Hubert. Parfois nous rejoignait aussi sur les grandes courses Martine Aubain, la fille d'André Aubain, une amie de Michelle.

Moi, j'étais le petit du bord. Mais à la barre. J'ai toujours été barreur. Maintenant, je ne barre plus, parce que les pilotes le font mieux que je ne le ferais.

L'Armagnac était à La Trinité. On se partageait entre La Trinité et Concarneau, un week-end sur deux, pour les entraînements d'hiver sur d'autres bateaux. Mais tous les week-ends j'étais sur l'eau, sur d'autres embarquements. Je me souviens d'un plan Farr, un half tonner, *Farceur*, en bois moulé. Le type de bateau engagé pour les premiers *Figaro*. Puis d'un Super Arlequin. Des bateaux dans les huit, neuf mètres. Et avec le half tonner on descendait parfois à La Rochelle, dans la brise. C'était très formateur. (Rires.)

Tu as seize ans. Ton père te conduit encore aux entraînements ?

Non, pas du tout, car j'avais acheté d'occasion une moto Honda SL, une 125 cm^3 trail, à un type qui travaillait à la voilerie Tonnerre, à Lorient. Je l'avais entièrement démontée puis remontée, curieux de savoir comment fonctionnait ce petit quatre-temps. Je m'entraînais à la conduire dans la cour de la maison en attendant de passer le code. À l'époque, le code suffisait pour conduire une 125. Puis, quand j'ai eu le code en poche, on filait avec Hubert à La Trinité-sur-Mer pour naviguer. J'ai eu aussi une Motobécane, couleur chaudron, avec laquelle je faisais les quarante kilomètres pour rejoindre Port-la-Forêt de Quimperlé. Puis, à dix-huit ans, la 2 CV. Et ensuite une 4L. Je passais mon temps dans les moteurs. L'école ne m'intéressait pas. Sauf la physique et la chimie. Qui sont les deux matières essentielles pour se lancer dans la construction en composites.

C'est à cette époque que je commence à travailler aux chantiers Pichavant, à Pont-l'Abbé, juste après le décès de mon père. Au début, je n'avais pas d'horaires fixes. J'y allais selon les besoins du chantier. On était payé en liquide tous les vendredis. J'entends encore le père Pichavant jouer avec la combinaison du coffre-fort pour sortir les billets. Je construisais les barrots[1] en lamellé-collé pour

1. Pièces transversales du système de construction.

des half tonners. Je devais passer le bac en candidat libre. Et je le rate à nouveau. C'est à cette époque, en 1978, que je cours mon premier *Figaro*, qui s'appelait encore course de *L'Aurore*. Mon premier bateau était de série, un Dione 980 du chantier espagnol Nautiber. Ensuite, j'ai eu des protos avec divers plans. J'ai terminé deuxième en 1985, derrière Philippe Poupon, en remportant ma première étape à La Rochelle. Quand le monotype est arrivé, le jeu est alors devenu beaucoup plus ouvert.

Le décès de ton père, c'est comme un monde qui s'effondre. Tu perds celui qui t'a donné le goût de la compétition mais sans te donner de leçons ?

Non, ce n'est pas un monde qui s'effondre. C'est comme ça. Tu n'y peux rien. Trois jours après son décès, nous avons couru avec son bateau. On a repris les entraînements le week-end à La Trinité. C'était une manière de perpétuer sa mémoire. C'est ce qu'il aurait voulu qu'on fasse : courir et ne pas se lamenter. Ne pas pleurnicher.

Il t'a laissé une lettre avant son décès. Que tu n'as jamais ouverte. Pourquoi ?

Elle est restée des années dans un tiroir. Ma sœur Michelle doit l'avoir, cette lettre. Pourquoi je ne l'ai jamais ouverte ? Peur d'y trouver peut-être des reproches ? Je ne sais pas quoi te répondre. (Silence.) Comme une porte que tu ne veux pas ouvrir. Peut-être de la trouille aussi… Puis les années ont passé.

Aurait-il voulu que je fasse des études ? Que je prenne la voie des Ponts et Chaussées, par exemple ? Je pense que c'était dans son imaginaire de père, comme une projection. Mais ce n'était pas ce que je voulais. De toute façon, j'avais déjà pris une autre direction et son choix ne pouvait pas peser. Passer le bac, c'était se diriger vers des études. Et cette idée-là m'était impossible. Je pense que j'aurais été malheureux. Ou que j'aurais mal tourné. J'étais entré depuis mes treize, quatorze ans dans du concret : la compétition, puis la construction. Je pense que mon père l'avait compris assez vite. Mais passer le bac était à ses yeux un passeport, un moyen d'avoir un métier. Moi, j'avais déjà le mien. J'étais autonome. Je me lançais dans la course au large. Je bossais. Je faisais aussi des carénages dans les chantiers. Je rentrais des petits revenus. De quoi entretenir une voiture, mettre de l'essence, payer l'assurance, etc. Ma sœur aînée faisait médecine à Brest. Et je n'étais plus à charge pour ma mère. Mon père était parti. Il fallait aller de l'avant. Ne pas gémir, et foncer. Ça ne lui aurait pas plu qu'on gémisse, qu'on reste les bras croisés à se lamenter.

Et si cette lettre jamais ouverte, voyageant de commode en placard, de bureau en tiroir depuis tant d'années était comme une présence rassurante ?

Oui, il y a peut-être de ça. En fait, il est là ! Le bateau s'appelle toujours *Mervent*. Il est toujours dans la famille. Le nom qu'il lui avait donné. Le chantier s'appelle Mervent. Le nom des Le Cam est là. Oui, on peut dire que son ombre n'est jamais bien loin. Son premier bateau s'appelait *Loïc*, le Grondin. Le second *Anouk*, la Corvette. Et les Armagnac, par la suite, toujours *Mervent*. Qui signifie suroît[1]

1. Vent de sud-ouest.

en breton, en appuyant le *t* de *Mervent*. Qui est devenu *Mervent* en le prononçant à la française, la syllabe fermée : « mervan ».

Et ta mère, comment voit-elle cette carrière se dessiner ?

Elle l'a toujours suivie. Je crois qu'elle était contente et fière de son fils. Elle stressait un peu sur les Vendée Globe. Elle venait au départ, puis s'éclipsait vite. Pour elle, ça représente le danger. Car pour toutes les mères… la mer est un danger. Elle était soulagée de me voir rentrer à la maison. Mais le grand danger, c'est de voir par exemple partir sa fille en reportage dans un pays en conflit, comme lorsque je voyais la mienne, alors reporter free-lance, partir au Sahel au plus fort des opérations Serval et Barkhane. Anne et moi, nous étions forcément inquiets. Entre deux dangers, celui de l'homme est le plus terrible, imprévisible. La mer, à côté du reportage de guerre, n'est pas dangereuse. Elle est égale à elle-même.

Au fond, quel enfant étais-tu ?

Un garçon qui adorait faire. Actif, et je crois aussi assez ingénieux. On fabriquait des carrioles pour dévaler la route. Dans la descente du Verger, à Châteauneuf-du-Faou. Et le plus vite possible. Je ne te raconte pas le nombre de sorties de route et de genoux écorchés ! On avait même construit des carrioles avec des roulements à billes. Nous habitions à côté de la gare désaffectée. Tous ces essieux, ce matériel roulant, un parc d'attractions avant l'heure pour le garçon que j'étais. On graissait l'essieu d'une ancienne draisine, on la poussait à plusieurs, sur un léger dénivelé, et on profitait de l'inertie pour s'accrocher derrière. Je me souviens très bien de ces draisines, et comment transformer le mouvement vertical en un mouvement circulaire, comme un vilebrequin. Je crois qu'un des personnages de *Tintin* actionne une draisine[1]. Donc l'imaginaire de *Tintin* – notamment *Objectif Lune*, les champignons de *L'Étoile mystérieuse* –, la carriole, et aussi le souvenir avec un copain, Marcel Braban. Son père était mécanicien du parc des engins de la subdivision de l'Équipement. Il est aussi entré à « l'Équipement », c'était l'expression de l'époque. Je crois qu'il habitait le long du canal de Nantes à Brest, dans une maison éclusière. C'est tellement beau ce coin de Bretagne. Le plus beau terrain de jeux du monde pour faire des conneries, cette gare de Châteauneuf. C'était gigantesque pour des enfants. Et puis il y avait le parc des Ponts et Chaussées, la DDE, devenue DDT, et tous ces engins, mieux que les petites voitures. Des rouleaux, des tracteurs, des pelleteuses, des marteaux piqueurs, des ateliers, etc.

Mais les plus belles machines du monde sont les bateaux à roues à aubes du lac Léman. On est là dans les années 1990. Je courais en Formule 40[2]. Ces petits trimarans étaient parfaits pour les régates lacustres. On était « parqués » non loin de ces bateaux à vapeur. Des merveilles de savoir-faire et de restauration qui font la navette entre les rives du lac. De superbes bateaux en bois. Ne pas oublier que la Suisse est un… pays de marins : Pierre Fehlmann, Bernard Stamm, les frères Ravussin, Bourgnon, etc. Sans compter la Coupe de l'America qu'ils ont gagné.

1. Dans *Tintin au pays des Soviets*.

2. Des trimarans de 12 mètres.

3

Constructeur, jardinier et coureur

« Je ne regrette pas les temps anciens,
j'essaie juste de changer le temps actuel pour le futur »

Comment qualifierais-tu aujourd'hui ta manière de naviguer ?

D'économe, sachant que la clé de la réussite, c'est la connaissance de ton outil. Trois tours du monde avec le même bateau qui a été sans cesse transformé, amélioré, allégé pour devenir *Hubert* (en hommage à mon meilleur ami et beau-frère, mort en 2012, qui lui-même avait construit ce bateau pour Michel Desjoyeaux, son frère, avec lequel il avait remporté le Vendée en 2009). La connaissance de l'outil est essentielle : d'abord je l'ai moi-même modifié, presque « déconstruit », et je sais assez bien comment le faire marcher. (Sourire.) *Hubert* serait comme un marteau dont le manche a la peinture écaillée à force d'être utilisé. Il est à ma main. Le charpentier connaît la force nécessaire qu'il faut exercer pour enfoncer tel ou tel type de clou. Son pouce gauche porte encore la trace du coup qui a ripé sur le clou. Moi, c'est pareil en mer, j'ai sur les mains la mémoire des différents chantiers qui l'ont fait évoluer. La clé, sur le long cours, est d'économiser ton énergie en minimisant les efforts. Une phrase qui m'a fait vraiment plaisir et qui m'a ému vient d'Alain Gautier[1] : « Tes trajectoires, Jean, dans la descente de l'Atlantique, étaient parfaites. Un modèle… »

Il est toujours difficile pour le grand public, parfois peu au fait de la course au large, de qualifier une manière de naviguer. D'en privilégier une au profit d'une autre. Si je te dis par exemple Louis Burton ?

Il faut juste se rappeler que, lors du dernier Vendée, Louis coupe déjà la ligne de départ avant le coup de canon. Cela donnait une idée de la course qu'il allait faire : féroce, dingue, forcenée. On parlait d'économie d'énergie, mais Louis n'a pas cessé d'attaquer pendant quatre-vingts jours. Une dépense folle pour un résultat magnifique : troisième. Pourtant, il faut se souvenir qu'à un moment, dans le Sud, il a été aussi sur le point d'abandonner. Puis le voilà qui repart. Réattaque. À l'assaut ! Incroyable ! Louis, c'est un trompe-la-mort. Dans le risque maximal permanent. Flirtant avec la porte de glaces. Et là, s'il t'arrive une tuile, dans un endroit pareil, tu es vraiment très mal. On peut même dire dans… la merde !

Lors du convoyage pour rallier Les Sables, quatre semaines avant le départ, je le vois me dépasser sur un foil[2].

1. Vainqueur du Vendée Globe 1992-1993.

2. Les foils sont des appendices latéraux élevant la coque au-dessus de l'eau, qui permettent d'atteindre des pointes de vitesse de 38 nœuds, soit 70 km/h.

À fond ! Je me suis dit : « Mais c'est pas possible. Il est cinglé, il va tout péter avant même de prendre le départ ! » Bon, mais ça avait de la gueule quand même. (Il rit.) Puis ce final superbe qu'il fait. Louis aurait pu gagner ce Vendée, tu sais… Il a complètement crevé l'écran. Comme la Britannique Pip Hare, si merveilleuse, si rayonnante. Ou comme la Franco-Allemande Isabelle Joschke qui a réalisé dans le Pacifique une magistrale traversée. Et pourtant, auparavant, si peu à l'aise dans la descente de l'Atlantique…

Tu as tenu à venir saluer Pip Hare et Isabelle Joschke à l'arrivée. Parce que tu as vécu dans un univers au fond assez féminin, ayant perdu ton père à dix-huit ans, entouré de ta mère, de tes deux sœurs, et ensuite de tes deux filles, et ta femme et belle-fille ?

Peut-être. J'ai voulu leur dire simplement qu'elles avaient été formidables. Mais ça se fait de moins en moins entre concurrents de se déplacer pour fêter les arrivées. C'est un rituel du salut qui se perd un peu. Les emplois du temps des uns et des autres, probablement, ne convenaient pas forcément. Puis les protocoles anti-Covid en ont peut-être refroidi certains. Quand un créneau d'arrivée m'était communiqué, je sautais dans la voiture. Allez, hop ! Trois cent cinquante kilomètres pour aller embrasser les filles. On a passé des moments chaleureux. On a beaucoup ri. Dansé. On était tous émus d'être ensemble. De très jolis moments.

Quelques esprits un peu chagrins avancent l'idée que les solitaires d'aujourd'hui n'ont plus rien de commun avec les pionniers des années 1960. En faisant une référence implicite à Éric Tabarly, notamment, et à ses fameux silences. J'imagine que tu as un avis là-dessus ?

Pourquoi pas non plus remonter à Vito Dumas[1] ou Alain Gerbault[2] ? J'ai connu le temps de la BLU[3], moyen de transmission en HF ou en MF. Le temps de Saint-Lys Radio. On passait à la queue leu leu à la radio. Il y avait aussi des bateaux de pêche, des cargos, tout un tas de bateaux de commerce, etc., sur la fréquence. On pouvait être coupé par la voix d'un concurrent ou d'un marin de commerce qui appelait sa femme pour lui donner la date de son arrivée à terre. Moins de technologie et plus de liberté ? Ou un peu moins de liberté et beaucoup plus de technologie ? La liberté des coureurs ne me semble pas pour autant amoindrie. Libre à chacun de dire. Ou de ne pas dire. Il se trouve que les générations qui naviguent sont connectées au monde *via* leurs propres réseaux sociaux. Leur dire « Vous ne communiquez pas » alors que la course au large est en partie fondée sur la communication, ce n'est pas sérieux. Le temps d'Éric – sans compter sa personnalité – est un temps révolu : on ne lave plus le linge au lavoir. En fait, la responsabilité des coureurs d'aujourd'hui est : Est-ce que je veux parler ? ou pas ? Est-ce que j'en ai envie ? ou pas ? Est-ce que c'est le moment ? ou pas ? Je vis avec mon temps. Je n'aime pas qu'on me renvoie

1. Argentin né en 1900.
2. Premier navigateur à traverser l'Atlantique à la voile en solitaire, né sept ans plus tôt, en 1893 et auteur du récit *Seul à travers l'Atlantique*.
3. Bande latérale unique.

à la figure les « joies » de la navigation à l'ancienne et le fameux bon vieux temps. Le GPS existe depuis quarante ans. Aujourd'hui, de plus en plus d'automobilistes roulent à l'électrique. On ne fait plus le point au sextant. Je ne regrette pas les temps anciens. J'essaie juste de changer le temps actuel pour le futur.

Une aventure n'est belle que si elle est partagée. L'aventure pour soi-même est égoïste. L'aventure est par définition : aller vers l'inconnu. Qui part en ayant déjà tout découvert ? Le Vendée est une route balisée par des phénomènes météo. Ce qui ne l'empêche pas d'être mal pavée. Ou pas pavée du tout. Le chemin est connu, mais les éléments le redessinent chaque fois. Y compris à travers les évolutions technologiques qui ouvrent la porte à l'inattendu, comme on l'a vu lors de cette dernière édition.

Pourtant tu te définis d'abord comme un coureur, pas comme un aventurier...

Parfaitement. Comme un compétiteur dans un milieu parfois hostile : la mer. Je ne prendrai jamais part à un tour du monde au nom de l'aventure. Sauf que les pages que chacun d'entre nous écrit au jour le jour sont souvent des pages... aventureuses, ou alors elles sont routinières. Je n'irais pas, par exemple, participer à un tour du monde pour me couper du monde, pour fuir un monde que je ne supporterais plus. Ou pour savoir qui je suis réellement. Je sais qui je suis. Et je suis à l'opposé de tout cela. Je suis coureur de métier dans un tour du monde qui, par sa nature, est lui-même une aventure, y compris pour monter le projet, trouver des sponsors, s'entourer d'une équipe : c'est très différent.

Avec un objectif pour cette dernière édition : être à l'arrivée le premier des bateaux à dérives. Si je devais, comme les médecins qui s'installent, fixer une plaque devant le cabinet, je mettrais : « Jean Le Cam, parfois surnommé Roi Jean, coureur-constructeur. Diplômé de l'école du large. » Une belle plaque vissée. En cuivre. Lustrée au Miror pour donner un aspect parfaitement doré. Faut-il que je te rappelle mes titres de noblesse ? (Il éclate de rire.)

Précisément, ce titre de « coureur-constructeur » a-t-il encore un sens aujourd'hui ?

Je dois être l'un des tout derniers Mohicans. Si on devait se montrer complet, on pourrait écrire aussi régatier en Vaurien et 420, puis en 5,50 mètres avec Hubert [Desjoyeaux]. Bien avant les années *Figaro*, il y a eu l'adolescence, les compétitions nationales en Armagnac avec mon père. En refaire ? Oui, pourquoi pas, dès lors qu'il s'agirait d'un championnat. Mais partir une semaine en bateau ? Non. D'abord Anne, mon épouse, n'aime pas tellement le bateau, sauf s'il s'agit de partir à la pêche aux Glénans, par exemple. Ça, elle aime beaucoup. Mais jamais je ne me suis dit : Allez, je pars en Polynésie et je vais aux îles Sous-le-Vent. Ou encore : Je vais faire du cabotage aux Antilles pendant deux semaines. Peut-être que le coureur, d'ailleurs, du moins tant qu'il est coureur, ne pense pas à l'escale. On s'arrête en course parce qu'il y a eu une casse. L'escale, pour un compétiteur, est synonyme d'échec, sauf évidemment s'il s'agit d'une course… à escales. Entre novembre 2012 et janvier 2017, j'ai tourné trois fois autour du monde, deux fois en solo, une fois en double. Trois tours du monde en quatre ans et deux mois. Et l'escale, là, tu vois, c'est ma maison, mon jardin, mes arbres, mes chiens. Je suis tombé sur ce chiffre de quatre ans et deux mois par hasard. Et ça m'a fait une drôle d'impression : « Tiens, je suis parti tout ce temps… »

J'ai noté des tics de langage chez toi : « pas fait exprès » et « par hasard ».

Par hasard je vais faire exprès de ne pas faire exprès. Ça te va comme formule ?

Sérieusement, le hasard...

… fait bien les choses, non ? Mais c'est vrai que le boulot d'un compétiteur-constructeur, c'est d'anéantir le hasard. C'est du perfectionniste qu'on parle ? Ou de mon côté obsessionnel, comme tu me l'as souvent répété ? Je touche toujours les pièces d'un bateau avec les doigts. C'est physique. Obsessionnel a pour moi un côté un peu maladif dans le travail. Je ne crois pas avoir ce travers.

Est-ce à l'issue de ton premier Vendée 2004-2005 que tu te dis : je n'aurai qu'une course majeure, quadriennale, à mon agenda, et je vais participer à toutes les éditions ?

C'est certainement pas un déclic, 2004-2005, mais c'est la confirmation de ce que seront mes années futures. On avait amélioré le bateau. On l'avait allégé et procédé à un bon nombre de modifications pour faire le Vendée Globe suivant. Me consacrer aux prochaines éditions signifiait aussi abandonner notamment toute possibilité de refaire du *Figaro*. C'était une part de moi-même qui se refermait. Puis je ne me voyais pas courir deux lièvres à la fois : trop d'énergie dépensée, trop de dispersion et pas assez de moyens, aussi, pour jouer sur les deux tableaux…

Pourquoi avoir décidé, au fond, de te lancer si tard dans la carrière de tour-du-mondiste en solitaire ?

En fait, je ne voulais pas y aller avant, car les bateaux restaient quand même à l'envers. Il faut se rappeler les chavirages et les disparitions dans les deuxième et troisième éditions. Se souvenir de la première édition, quand Loïck Peyron redresse le bateau de Philippe Poupon qui s'était retourné. Une tortue sur le dos. Des progrès essentiels ont été portés ensuite sur la sécurité avec la garantie que les bateaux, dont certains étaient de vraies luges, ne se retourneraient plus. Ironie de l'histoire, j'ai perdu mon bulbe de quille au cap Horn en 2009, et me suis retrouvé… à l'envers. Bon, là, c'était un accident.

Donc, dès que ces normes de sécurité ont été mises en place, j'ai changé ma vision du Vendée Globe. Partir, oui, mais surtout revenir.

En 1989, j'étais spectateur du départ. Je me souviens bien du bateau de Philou [Philippe Poupon]. Un ketch. Tout avait été doublé, alourdi, sécurisé. Mais plus tu alourdis, plus le bateau va devenir instable. Les marins qui revenaient du premier Vendée disaient : c'est la mer qui nous a laissés passer. Ça donne une idée de ce qu'étaient alors ces premiers tours du monde avec ces marins pionniers.

Les grands changements dans la jauge interviennent après le Vendée 1997, marqué par la disparition de Gerry Roufs et le chavirage de trois autres concurrents. Pour répondre à cette nouvelle règle, les bateaux doivent réussir des tests d'auto-redressement. Même pour le Vendée 2000, je trouvais que parfois c'était encore un poil limite d'un point de vue sécurité. L'idée qu'on a tous en tête, c'est de finir.

2004, c'est ta première expérience du temps long ?

Effectivement, même si j'avais couru la Whitbread avec Éric, mais c'était avec escales. Sans commune mesure. Je fais alors l'expérience de la solitude, déjà connectée puisque nous sommes équipés du téléphone satellite, sans compter la réception de fichiers météo, etc. La compétition est déjà en soi une forme de solitude. Une solitude entourée et en action : toujours un œil sur la flotte, régler le bateau, se faire à manger, s'inquiéter de l'énergie, de son sommeil, etc. Pour moi, les journées se résumeraient à : vite parti, vite arrivé. Mais la sensation est différente pour la terre, car la terre s'inquiète. Un Vendée, c'est quatre-vingts jours autour du monde à la vitesse d'un... Solex. En fait, la Terre est toute petite. Une petite boule avec autour des petits Solex qui tourneraient comme les éléphants de Babar : 14 nœuds de moyenne, soit 25 km/heure. Le temps semble parfois court, mais l'arrivée bien longue. Surtout, lors de cette dernière édition, les dernières soixante-douze heures. C'était interminable. Sans compter que, toute la nuit précédant mon arrivée, tout m'a semblé absurde, décalé, irrationnel, fou. Tout était bizarre, joyeux, mais tendu jusqu'au bout. Et une fois encore, à terre, expliquer à nouveau l'inexplicable. C'était la nuit, mais c'était presque ensoleillé, gai, et toujours cette préoccupation des dernières minutes : d'où va venir l'ultime connerie que je n'ai pas anticipée !

Les départs, eux, sont lourds. Aux proches, je dis toujours : « Au départ, tu pleures, et à l'arrivée, tu ris. » Faites votre choix ! Nous n'avions pas ce poids-là sur les épaules en novembre 2020. Et ça, c'est plutôt confortable : la crise du Covid nous avait libérés de cette charge émotionnelle que te renvoie la foule. C'est certes égoïste de se l'avouer. Sans compter le stress du départ. En plus, le plan d'eau des Sables n'est pas le meilleur pour prendre un départ. Il n'y a aucune île qui nous protège : directement face à l'Atlantique, avec une mer en général très chaotique.

Cinq participations en dix-sept ans, dont quatre terminées (2e, 5e, 6e, 4e) ça peut tourner à l'obsession, non ? Jean-François Coste[1] avec qui tu discutais lors d'une réception célébrant les pionniers de cette première édition de 89-90, quelques jours avant que tu ne prennes part à ton quatrième Vendée, en novembre 2016, te demandait, toujours avec son côté rentre dedans : « Mais putain, Jean, pourquoi tu repars ? Tu n'en as pas marre ? » Tu répondrais quoi à Coste aujourd'hui ?

Je ne me souviens plus précisément de ce que je lui avais répondu. Fin octobre 2020, on en avait reparlé et je t'avais dit : « P'êt' que je suis bon qu'à ça. » Anne était intervenue et avait rectifié : « Mais pas que ! »

1. 163 jours lors du premier Vendée Globe, en 1989-1990.

Et ça serait quoi le « pas que » ?

Courir sur d'autres supports ? Je l'ai déjà fait. Mais je pourrais faire autre chose. Jardinier, par exemple. Je le suis un peu, déjà. Et puis j'ai commencé tard dans la « carrière » du Vendée Globe, à quarante-quatre ans.

Alors est-ce que j'aurais pu être chanteur ? Ou danseur ? Oui, c'est ça : jardinier-chanteur-danseur. Et aussi constructeur d'avions dans mon garage. J'avais même commencé à prendre des cours pour monter en kit un tout petit avion. Bon, j'ai vite abandonné, en fait, pour me diriger vers… l'hydravion. Un avion qui se pose sur l'eau, c'est magique. Après je me suis intéressé aux ULM. La législation me paraissait… quand même plus souple. Puis j'ai voulu greffer des ailes de Deltaplane sur un Zodiac qui aurait été propulsé par un gros ventilateur. Puis je me suis intéressé au bateau à moteur à foils quand ce n'était pas encore totalement d'actualité. Puis aux avions à moteur électrique. Puis retour au bateau électrique, 12-15 nœuds, juste pour aller à la pêche à la journée. Je crois beaucoup à ce développement : pas d'émissions, pas de bruit. Il faut laisser son esprit vagabonder comme le font les enfants à qui on dit, souvent comme un reproche : « Ah, tu es encore dans la lune ! » Mais tant mieux ! Reste dans la lune ! Je suis une sorte de « pourquoi pas ? ». J'ai acheté ma maison, il y a vingt-cinq ans, sur « un pourquoi pas ? », pour ensuite la déconstruire dans ses volumes. Par exemple, je monte sur le toit changer l'antenne râteau. La vue sur mer était occultée par une longère. En redescendant de l'échelle, j'ai décidé de remonter la maison d'un étage. Aujourd'hui, on voit la mer au loin.

Cette idée du « pourquoi pas » a guidé les années 1980, celle des premiers multicoques océaniques ?

Totalement ! C'étaient les débuts du sponsoring sportif ! Il y avait là Jet Services, Crédit Agricole, Fleury Michon, William Saurin. J'en oublie ! Je n'ai jamais fait la liste, d'ailleurs, ni tenu de registres. L'architecte-constructeur Gilles Ollier ouvre la voie avec les praos pour Guy Delage. Équipier sur les « Jet Services », j'étais salarié par Multiplast. Roger Caille, fondateur de la messagerie du même nom, l'un des pionniers du sponsoring sportif, a été un moment actionnaire du chantier de Gilles Ollier. Un jour Roger pointe du doigt l'équipage de *Jet Services V* en se marrant : « Regardez ces gars, ils traversent l'Atlantique ! Et ils sont payés au SMIC ! » Ça voulait dire, en gros, les augmentations, c'est pas pour demain… *Jet Services V*, skippé par Patrick Morvan, sur lequel on battra le record de l'Atlantique en 1990[1].

C'est à ce moment que tu touches ta première fiche de paye ?

Non, là il faut remonter le temps. Fin 1976, début 1977, de mémoire. Aux chantiers Pichavant, à Pont-l'Abbé. Je n'avais pas tout à fait dix-huit ans. On faisait les half tonners, classe de bateaux sur laquelle j'ai disputé six saisons de *Figaro*, sur les seize au total. Cela posait un problème à l'époque. Il fallait d'abord avoir un engin performant. Il y avait des bateaux de série ou des protos. Des 4L et… des Alpine. Pour gagner, il était nécessaire d'avoir des

1. 6 jours, 13 heures.

moyens pour réserver les meilleurs protos du moment. Dans ces années-là, il n'en sortait que trois ou quatre par an. Et ils coûtaient relativement cher. Parfois, même avec des moyens, il était impossible d'en avoir un au dernier moment. Dans le chantier Pichavant, je m'occupais des barrots en lamellé-collé. Les coques étaient en plastique et le pont en bois. J'étais le petit préposé à ces pièces transversales. Faudrait d'ailleurs un jour que je regarde où j'en suis de mes droits à la retraite. M'en suis jamais occupé. (Il rit.)

As-tu l'impression que cet esprit pionnier des années 1980, marqué par de très forts caractères, a totalement disparu ? Et que cette insouciance appartient à un passé glorieux ?

En partie, oui. L'époque était celle des foutus sacrés caractères, pour ne prendre que celui d'Eugène Riguidel. À bord de son immense *William Saurin*, Eugène, c'était quelque chose, quand même… Ah, Eugène[1] !

C'était aussi une époque de grandes évolutions. *Paul Ricard*, premier foiler, avec Éric [Tabarly]. Et que dire de Halvard Mabire, lui aussi coureur-constructeur avec son frère Nordhal !

Dans le paysage apparaissent les Américains Dick Newik et Walter Greene, les pionniers du multicoque, qui sortent les premiers Acapella, petits multis océaniques. Mike Birch remportera la première Route du Rhum sur un Walter Greene (*Olympus*). Yves Le Cornec fait partie de ces pionniers, notamment sur la première édition du Rhum, tout comme Florence [Arthaud]. Mais le véritable premier

1. Riguidel enverra tout balader en 1985, lassé du système de sponsoring sportif, préférant, dit-il, vivre pauvre, mais libre.

professionnel de cette époque, c'est Philippe Poupon avec la saga des *Fleury Michon*. Philou ouvre la voie. Il est novateur. Quand on courait pour lui, on était payé, défrayé. C'était un tel progrès… De cette époque je me souviens du premier catamaran en aluminium construit pour Marc Pajot, *Elf Aquitaine*. Face à *Jet Services*, qui pesait deux fois moins lourd, *Elf Aquitaine* n'a plus existé sur l'eau. (Il sourit.) Puis sortira le deuxième catamaran avec balestron, qui chavire… dans la baie de La Baule. Avec Jean Maurel. Qui reprendra ensuite *Elf* à la suite de Marc Pajot. Et Jean, c'était quand même un très fort caractère. Mais le grand caractère de cette époque était Florence Arthaud. Je venais de terminer La Baule-Dakar sur un Swan, *Radio France International*, avec Denis Gliksman. Florence, peu de temps après l'arrivée, me demande de convoyer son *Miss Dubonnet*, un two tonner sur plan Elvström, à Gorée, sur l'île des Esclaves, face à Dakar au Sénégal. Elle voulait vendre, dans une sorte de Bourse ou de marché aux puces, quelques équipements non essentiels du bateau dont elle espérait tirer un peu d'argent. Elle venait de terminer La Baule-Dakar à bord d'un équipage féminin. Florence n'avait plus un rond, mais avait surtout en tête de convoyer son bateau aux Antilles.

Tu évoquais plus haut l'équipage. Notamment à deux, tant la Transat AG2R que la Jacques Vabre, y compris la Barcelona World Race. Transmission ou à nouveau échange ?

Échange, globalement. D'abord avec Éric Tabarly en 1989 sur Lorient-Saint-Barthélemy-Lorient, qui s'est terminé par un naufrage. Puis, dans le désordre, nos binômes : Bilou [Roland Jourdain], Kito de Pavant, Bernard Stamm,

Jacques Caraës, Florence Arthaud, Gildas Morvan, Gildas Mahé, Nicolas Lunven, Nicolas Troussel, Vincent Riou. Je dois en oublier… Sans compter les équipages sur les records de l'Atlantique à bord de *Jet Services* et *Fleury Michon* dans les années 1980.

Sur la Transat AG2R 2014, avec Gildas Mahé, nous étions bien placés aux Canaries. On a fait une route nord et là on s'est pris une gamelle. Mais dans la bonne humeur. L'option sud s'est ouverte, patatras : onzième sur la ligne. Mais ça reste une bonne expérience et on a surtout beaucoup ri. En fait, les gens s'imaginent des tas de débats à bord, avec plein de questions compliquées entre nous, mais à la vérité ça se résume à : « Dis donc, comment tu fais ça, toi ? Est-ce que tu ferais comme ça, hein ? » Ça démythifie un peu l'affaire cet échange au ras des pâquerettes, mais c'est en fait absolument comme ça que ça se passe. Surtout que sur ces petits bateaux on barre tout le temps et le temps du débat est limité : l'un barre, l'autre dort. Et ainsi de suite. En mer, je suis toujours interrogatif et de bonne humeur. Chacun est là pour pousser au mieux le bateau. Une navigation réussie, pas forcément victorieuse, est toujours le fruit d'une discussion. Faire progresser l'autre. Trouver la solution la plus efficace face aux contraintes. En essayant de ne pas réitérer nos propres conneries. Qu'on répète avec obstination. Mais j'ai tout de même l'impression d'en faire un peu moins qu'avant.

Et comment se choisit-on ?

Il y a toujours des affinités qui entrent en jeu. Parfois l'un a un sponsor, l'autre pas. C'est ce qui s'est passé en 2019 avec Nicolas Troussel sur la Transat Jacques Vabre.

J'avais le bateau, lui le sponsor. Pour Florence Arthaud, je trouvais que c'était sympa de naviguer avec elle. Sympa, mais pas facile… Anne m'a glissé une idée que je trouve formidable : pourquoi ne pas imaginer un jour un ticket Le Cam-Peyron sur une course en double ? Deux anciens. Il y aurait là presque un bon début de roman. (Il rit.) Faut creuser l'affaire. Je serai super-content si ça se matérialise. Encore faut-il trouver un budget…

C'est une idée vraiment séduisante, pourtant je croyais que vous n'étiez pas forcément très proches. Vous l'êtes aujourd'hui ?

C'est étrange, quand même, la vie. Nous avons passé une partie de notre existence professionnelle à nous croiser, sans vraiment échanger. Je me demande parfois si tout n'est pas que malentendus. (Il rit.) Nous nous sommes revus cinq jours dans le cadre d'une régate en Martinique, en février 2020, pour promouvoir l'inscription des yoles rondes au patrimoine de l'Unesco. Je l'ai découvert, non pas sportivement, bien sûr, puisqu'on était concurrents en Orma[1], mais humainement. J'avais, alors qu'il survolait les années 1990-2000, un regard un peu dur à l'époque sur le bonhomme. Faut dire que Loïck y mettait aussi du sien : il prenait beaucoup de place. Énormément, même. Il absorbait toute la lumière. J'avais même l'impression que parfois il me prenait pour un plouc du Finistère. Moi chez les bouseux ; lui à La Baule. Deux mondes étrangers l'un à l'autre.

Et voilà, alors que nous approchons tous les deux des soixante-deux ans, nous nous sommes trouvés. Je crois

1. Circuit des multicoques dans les années 2000.

qu'on avait l'un sur l'autre des préjugés. Une sorte de méconnaissance qu'on a traînée comme un boulet pendant trente ans. Lui aurait les mots pour le dire : il a tout sous la main. Il est né outillé. Moi, je suis parfois obligé de descendre à la cave pour remonter le meilleur des mots, comme une bonne bouteille. Ou de fouiller dans ma boîte à outils qui n'est pas toujours bien rangée. (Il rit.)

Si un jour cette idée se matérialisait, on pourrait parler non pas d'échange, mais de transmission. Simplement imaginer la richesse que chacun pourrait accumuler de l'autre ! Comme deux bibliothèques qui mettraient leurs fonds en commun. Imagine le rayonnage ! Deux mémoires du large sur un même bateau ! On dirait le titre d'un film…

Vous avez au moins un point commun…

Ah bon ? Lequel ?

Vous avez passé trois fois le bac sans l'avoir. Et vos pères, aujourd'hui décédés, étaient des scientifiques. L'échec au bac, ils ne l'ont pas très bien accepté…

Mais c'est dingue, cette histoire ! Je ne le savais pas ! Tu vois, quand je te disais qu'on ne s'était pas croisés si souvent que ça… J'ai quand même couru sur son ancien bateau[1]. Et même ça, je l'avais sorti de ma mémoire… En fait, tout est incroyable dans cette histoire où les échecs au bac n'ont pas foutu en l'air une carrière. C'est bien la première fois qu'un triple échec a été un accélérateur de performances. Il serait peut-être temps de nous féliciter d'avoir raté le bac !

1. *Gitana Eighty*, devenu *Synerciel*.

Lui–même a reconnu qu'il avait pu agacer le milieu…

Je te le confirme. (Rires.) Quelques heures avant le départ d'une édition du Vendée, je suis invité à m'exprimer en direct. Loïck est, lui, en plateau. Il parle. C'est très très long. Moi, je suis comme le hallebardier qui attend gentiment de dire deux mots. Mais un hallebardier qui part le lendemain matin pour un tour du monde. Comme je suis poli, je suis resté. Mais je me suis dit : « Bon sang, Loïck, arrête de parler ! » J'ai dû dire deux mots, puis on a coupé l'antenne. Si on doit courir un jour ensemble, je lui rappellerai l'anecdote du crachoir qu'il ne m'a jamais laissé. (Rires.)

On dit souvent que les gens qui ont du caractère l'auraient mauvais. Florence Arthaud trouverait-elle sa place dans cette « grille » de caractère ?

Le moins qu'on puisse dire de Florence, c'est que c'était une femme de caractère. Mais elle ne l'avait pas si mauvais. Pour moi elle restera toujours cette extraordinaire chipie. J'aime bien cette expression : pousser grand-mère dans les orties. Eh bien, Florence poussait tout son monde dans les orties. En fait, elle poussait en tout, et partout. Nous avons couru deux fois la Transat AG2R[1]. Je me souviens d'une mini-crise qui nous avait opposés. Elle avait découpé soigneusement tous ses T-shirts. Là où il y avait la marque du sponsor, qu'elle ne voulait pas porter. Je lui ai dit : « Hey, attends, c'est bon, là ! T'es payée pour courir, non ? » Et je lui dis que ça suffit ce genre de conneries. Et je t'en passe des vertes et des pas mûres…

1. En 1996 et 2012.

Je me souviens qu'en 1996 il y avait autour d'elle un certain nombre de personnes que je n'appréciais pas. Des gens assez pénibles. Dont la fréquentation était nuisible à Florence et à notre performance. J'étais là pour l'entraîner et la sortir du piège de la fête sans fin. Je m'étais fixé ce défi-là tout en voyant dans le même temps cet aréopage débarquer de Paris. Quand je les voyais s'approcher, je me disais : « Là, putain, c'est mort. » J'étais là pour l'entraîner. J'étais à l'époque leader en classe *Figaro*. Je n'étais pas là pour enfiler des perles ni faire du gardiennage. Pas plus que pour jouer au père Fouettard. Puis tout le monde s'est repris. Ces gens sont partis. On s'est mis d'accord pour faire notre métier et on a navigué. Et pas trop mal. On s'est vraiment bien entendus.

C'était une bonne copine. Avec elle, ça fusait de partout. J'ai eu un seul accrochage à bord, sur la Transat 2012. Je prends mon tour dans la bannette et lui dis : « Si ça bascule encore de dix degrés, tu me réveilles tout de suite, hein ? » Elle ne me secoue pas. Je me réveille deux heures après et je lui dis : « Hey, Florence, ça a donné de quinze[1] ! Pourquoi tu n'as pas empanné !? Pourquoi tu ne m'as pas réveillé !? » Elle me dit « non non, c'est pas vrai, de quoi tu parles, etc. » Là, quand tu me dis un truc pareil, t'as intérêt d'avoir des arguments solides à me présenter. Je ne supporte pas le mensonge. Ça peut me rendre dingue… Je garde mon calme : « Ah bon, ce n'est pas vrai ? » J'ouvre l'ordi que je lui mets sous le nez. Il y a la trace sur l'écran : « Tu m'expliques ça comment, hein ? » Elle n'a pas voulu reconnaître qu'elle m'avait

1. Le vent a tourné dans le bon sens.

menti. Je lui ai fait la gueule le reste de la course. À l'arrivée, c'est bien simple, je ne voulais plus la voir. Et puis elle est revenue à la charge pour m'amadouer : « Ah, Jean, tu sais… » Etc. La bonne copine qui a fait une connerie, que tu aimes beaucoup, mais qui t'a quand même raconté une fable. Mais quelle chipie tout de même. (Il rit.) Et putain, quel personnage !

T'arrive-t-il de te dire, avec l'âge, que tu es l'un des derniers « requins blancs » dans le paysage de la course au large ?

Comme je ne regarde jamais derrière, j'aurais du mal à faire le compte exact des requins. On peut en citer quelques-uns : Bernard Stamm, en semi-activité ; Bilou (Roland Joudain), qui a pris une voie différente ; ou encore Kito de Pavant, qui a débuté, au fond, assez tard le large. Et bien sûr Loïck Peyron qui est en train d'atterrir doucement après quarante ans de métier. Et je me demande, en dressant cette liste à haute voix, si je ne serais pas effectivement le dernier. J'ai presque envie de leur dire : « Ne me laissez pas tout seul, hey, les gars ! Et alors pourquoi continuer si vous m'abandonnez ? »

On continue parfois pour le simple regard d'une enfant. Une mère avec sa petite fille, croisées courant mai devant le chantier. Le regard de la fillette était impressionnant et m'a rendu muet. Cette enfant m'a bouleversé. Il y avait dans son regard une admiration et une tendresse pour ce qu'elle voyait du haut de ses huit ans, sûrement pour ce que je devais être, ce type un peu vieux, mais qui l'avait touchée par, qui sait, une phrase, un mot, une pastille vidéo ? Au fond, tourner autour du globe et recevoir ce regard-là vaut toutes les victoires et tous les honneurs officiels. C'est un peu bizarre comme réflexion, mais je dois être un peu bizarre aussi. (Rires.)

Pardonne-moi l'image, mais j'imagine assez mal un requin blanc... au volant d'un chariot élévateur, trois mois après avoir touché terre... toi l'homme de chantier...

C'est bien la preuve que le requin blanc ne vit pas au fond d'un aquarium. Être coureur, c'est être pluridisciplinaire. Y compris se saisir d'une bêche ou sortir les poubelles. Je suis à la fois conférencier de presse, marin... et conducteur de Fenwick[1]. Et quel bonhomme, entre ces trois facettes, fait le tour du monde ? Certains vont prétendre que l'homme qui parle au président de la République en direct de l'océan Indien est en fait non pas coureur au large, mais en réalité conducteur de Fenwick à Port-la-Forêt. (Rires.) Plus sérieusement, diriger une toute petite entreprise, c'est être justement ce lien entre les équipes. Montrer, puis faire. La confiance est un combat de tous les jours. Elle se gagne d'abord à terre. J'aimerais bien sûr que les choses parfois se fassent un peu toutes seules... Mais Mervent est une petite structure. Il n'y pas de contremaître qui rapporterait ce qui se passe au... maître. Je suis skipper, petit patron, contremaître, ouvrier, conducteur d'engin et presque représentant de commerce, et toujours un constructeur. Sept emplois. À la vérité, j'ai toujours fait tous ces métiers en parallèle. Cette particularité, qui était encore la norme il y a trente ans, n'existe plus. Je suis aussi l'homme qui doit voir l'erreur sur le chantier. Même tardivement.

1. Chariot élévateur.

Imaginons plus de moyens financiers. Déléguerais-tu ?

Je me suis souvent posé la question. Certainement bien plus qu'aujourd'hui. Mais ça ne changerait pas le fond des choses, puisque j'emprunterais toujours le chariot élévateur, que je n'ai pas les moyens de me payer, à mon voisin Vincent [Riou] pour tracter les bateaux qui sortent du chantier.

J'ai un rêve un peu fou : m'offrir un jour un Fenwick, mais électrique. Les lecteurs vont se dire que j'ai des rêves étranges, de Fenwick et de pelleteuses. En fait, j'adore les pelleteuses, j'aime les engins de chantier. Un marin amoureux d'une tractopelle, c'est pas commun. Je me suis dit que je tenais ça peut-être de mon père, ingénieur aux Ponts. Je montais enfant sur les scrapers, des énormes machines à araser les sols pour faire des routes. Des roues gigantesques pour un si petit garçon. Tu vois, ça tient à rien une vocation ratée de conducteur de bulldozer. (Rires.)

Visiblement, il n'y pas que les chariots élévateurs qui te font rêver car tu es désormais propriétaire d'un bateau de croisière, un Swan de vingt-deux tonnes, le poids d'un tractopelle…

C'est une histoire un peu dingue et assez longue qui remonte au printemps 2020 et qui tient aux bonnes relations que j'ai gardées avec Bruno Garcia, cardiologue… et coureur au large, depuis qu'on a disputé ensemble la Barcelona World Race (tour du monde en double) il y a onze ans.

Nous avons gardé des contacts solides avec les Garcia et aussi avec des amis restaurateurs espagnols liés à Anne. Nous étions en Catalogne pour quelques jours chez ces mêmes amis qui s'apprêtaient à ouvrir leur restaurant. Et qui n'ouvrira qu'un seul jour : confinement oblige. Je leur ai d'ailleurs filé un coup de main pour installer l'électricité. Anne aussi pour vernir les tables de restaurants. Un copain commun, Marti, est courtier de bateaux. Dans la salle du restaurant en travaux, Marti est au téléphone. Trois quarts d'heure se passent. J'attends. En plus, rien dans l'assiette et pourtant ça s'active en cuisine. Je me dis : « Mais qu'est-ce qu'il fout ? » Et ce plat qui ne vient pas. Il revient et me dit : « Jean, j'ai un bateau à vendre et j'ai plusieurs acheteurs sur le coup... » « Ah bon, et c'est quoi ton bateau ? » « Un Swan 59, de 1986 ». Je dresse l'oreille et lui dis : « Combien ? », il me répond « 220 000 euros ». Je me dis : « Ce truc-là, c'est une aubaine ». Et je lui réponds : « Ça m'intéresse ». Mais voilà que se met en place deux jours plus tard le confinement en Espagne. Le bateau est en Floride. En deux heures je planifie un Barcelone-Miami. Alors que Quimper-Miami, les vols sont un peu plus rares. Et voilà que les frontières se ferment les unes après les autres. Je revois le lendemain mon copain courtier et lui dis que je l'achète.

Tu – enfin ta société – as acheté un bateau que tu n'as pas vu ? En laissant tout en plan pour courir le Vendée Globe ? C'est bien ça ?

Oui, et quinze mois plus tard je ne l'avais toujours pas vu... Il a été transporté finalement par cargo en juin dernier, un Vendée Globe et quatorze mois plus tard ! Le bateau était amarré à Fort Lauderdale. J'avais versé un acompte. Puis contracté l'emprunt simplement en mars 2021. Anne n'était pas franchement favorable. Elle voyait déjà les difficultés liées aux démarches impossibles en temps de pandémie. Ce bateau va entrer en chantier prochainement chez nous et sera loué à deux frères, dont l'un a été coureur au large, qui vont entreprendre un tour du monde avec escales en 2023.

À soixante ans, certains s'achètent une voiture de collection. Toi, tu achètes un Swan, la Bentley de la croisière…

C'est à peu près ça. Mais je n'ai pas fait exprès. (Rires.)

Pas fait exprès d'acheter un bateau de… vingt-deux tonnes !?

Le courtier était en face de moi, téléphone collé à l'oreille. J'attendais un plat qui ne venait pas. C'est un coup de tête dû en partie à la faim. Le seul de ma vie. Ah non : le deuxième finalement. Le premier, c'est quand j'ai acheté *Hubert*. Mais là, tout était financé, structuré, planifié. Pourtant je m'étais dit : « Jamais je ne serai propriétaire d'un bateau ». Et le plus incroyable dans l'histoire de ce Swan, c'est que je n'en ai jamais rêvé. Évidemment on a tous dans un coin de la tête : « Si j'avais un jour un bateau, ça serait lequel ? », etc. Mais quand même, un Swan 59, un 60 pieds. 59, comme l'année de notre naissance ! Dessiné par Germán Frers, un mythe ! Et puis *Alegría*, c'est un beau nom, non ? Quand je raconte cette histoire autour de moi les gens sont sidérés. « Comment c'est possible ? Toi ? Ça ne te ressemble pas ! » C'est vrai que c'est fou parce que quand j'achète une perceuse ; je peux passer cinq heures dans le rayon à me dire : « Je la prends ou pas ? » Même chose pour mes clubs de golf. Je ne suis pas dépensier. Pas avare non plus, mais je ne jette pas l'argent pas les fenêtres. Je compare. Je soupèse le pour et le contre. Ça peut prendre un certain temps. (Il sourit.) Ce Swan est à la fois un investissement et un moyen de faire tourner le chantier.

4
Des influences

« Je ne retoucherai jamais le portrait d'Éric Tabarly.
Je laisse ça à de meilleurs peintres »

Deux figures qui te sont contemporaines, Halvard Mabire et Loïck Peyron, sont entrées dans la carrière par la Mini Transat, renommée Transat 6,50 mètres. Et il semble aujourd'hui que de plus en plus de tour-du-mondistes sont issus de cette classe précisément. C'est aussi quelque chose qui t'a frappé ?

Oui effectivement. On peut évoquer Yannick Bestaven, Armel Tripon, Giancarlo Pedote ou encore Isabelle Joschke. Et j'en oublie dans la liste. Avant, on disait que les marins du Vendée étaient issus de la classe des figaristes – ce qui est toujours un peu le cas, d'ailleurs. Mais aujourd'hui, les « ministes » à la fois ont marqué de leur empreinte la course et sont en train de se faire une place au sein de l'IMOCA[1]. C'est effectivement visible. C'est cette filière

1. Classe des monocoques de 60 pieds (18,28 mètres), voiliers participant au Vendée Globe.

de « ministes » qui prend un poids de plus en plus grand, par ses profils et par ses propres performances. Cela dit, le fossé est important entre la « Mini » et l'IMOCA ; ou plus simplement le Vendée. Mais désormais il y a aussi cette classe intermédiaire, la classe 40 pieds. Elle serait en quelque sorte un marchepied intermédiaire. Quand je vois, en 1977, la Mini s'élancer pour la première fois de Penzance, en Cornouailles anglaises, je vois des aventuriers plus que des coureurs à proprement parler. D'ailleurs, tout participait à l'aventure : les profils des concurrents, la taille des bateaux (6,50 mètres), les budgets de débrouille, montés de bric et de broc, le jeu du chat et de la souris de certains concurrents, dont Halvard, pour échapper aux Affaires maritimes françaises et se rendre en Cornouailles : la législation alors en vigueur était assez ambiguë au sujet de la voile en solitaire.

Par ailleurs, certains bateaux qui prenaient le départ de cette première en 1977 étaient construits « dans des garages », etc. J'étais déjà un figariste pur et dur : la régate, la compétition, etc. La création des bateaux de série en Mini a donné ensuite un considérable élan de performance sportive. Le sport a alors été remis au premier plan.

Aujourd'hui, c'est devenu une classe, beaucoup moins aventureuse mais surtout extrêmement formatrice. Un marché avec des architectes-coureurs ou coureurs-architectes s'est développé, avec ce côté « laboratoire du large ». Ne pas oublier que les scows dessinés pour le large, dont on va de plus en plus parler, sont nés dans cette série. C'était aussi une période, celle de la fin des années 1980-1990, où finalement il y avait une sorte d'étanchéité entre les pratiques et les supports. Enfin, c'est ainsi que je le ressens. À l'exception de Halvard Mabire, je n'ai pas eu l'impression de beaucoup m'intéresser à la « Mini » à l'époque. Peut-être aurais-je dû le faire avec plus d'acuité ? En fait, Halvard, par sa longue carrière, également de tour-du-mondiste, s'est positionné comme un acteur central de cette période, comme marin, personnage, constructeur, chef de projet, technicien. Et le voilà aujourd'hui président de la classe 40 à soixante-quatre ans. C'est un lettré qui aime les sciences, l'architecture, et s'y implique largement. Il a une vraie connaissance des carènes et du large. C'est un acteur incontournable de notre sport. Une figure majeure depuis presque quarante-cinq ans.

On pourrait presque dire que vous êtes, par vos profils, vos âges, Halvard Mabire et toi, les dernières figures d'un métier qui s'apprenait sur le tas.

C'est vrai, puisque les pôles de formation n'ont vu le jour qu'au milieu des années 1990, pour celui de Port-la-Forêt, et pour d'autres plus tard. On se ressemble assez, et pourtant je n'ai jamais navigué avec lui, si étrange que cela puisse paraître.

Ensuite, il y a entre nous un fossé géographique : lui à Cherbourg, moi ici, à Port-la-Forêt. Il fait partie des gens dont j'aime entendre la voix, parfois discordante, mais toujours argumentée. Je me rends aussi compte que je n'appelle pas assez. Je me dis : « Mais appelle-le ! » (Rires.) Les projets que je vais évoquer dans ce livre, je lui en ai déjà touché un mot. Halvard est un personnage qui ne fait pas beaucoup de compromis. Il prône une liberté architecturale qui cogne dans le système marchand qui est le nôtre. C'est parfois assez peu compatible avec les intérêts économiques de la course au large. Soutenir un plan d'architecte qui puisse être construit dans n'importe quel chantier, il serait absolument pour. L'idée de la ressource intellectuelle en accès libre. Ce n'est pas pour me déplaire, mais cela frotterait contre les contraintes économiques et les habitudes. Ce profil franc-tireur, mec indomptable, sincère, n'hésitant pas à dire tout haut ce que beaucoup pensent tout bas, il l'a aussi payé au prix fort.

Je pourrais d'ailleurs me placer sur le même plan, c'est pourquoi je me sens proche de lui, surtout quand il dit que « naviguer nous fait entrer dans le monde du vrai ». Cela dit, il nous arrive d'avoir des désaccords. C'est le problème de la parole. De la simple parole. Le monde a parfois brutalement raison de cette parole, parce qu'elle peut froisser. La parole peut être la fausse note dans le concert des pensées convenues. Et penser contre, c'est aussi parfois aller contre. Donc chacun peut se dire, au fond : quel intérêt ai-je à le dire, puisque je vais ensuite traîner ce mot, cette phrase comme un boulet ? Et qu'il y aura toujours un bon Samaritain pour dire : « En telle année, à telle occasion, vous avez dit ça à propos de ça. Vous vous en souvenez ? Vous n'avez pas l'impression d'être allé trop loin ? » (Rires.)

Ma conférence de presse à l'issue du Vendée 2021 m'a permis de parler au plus près des gens. Sur le coup, je me suis dit que je ne m'étais pas fait que des copains. Je pense aujourd'hui que la sincérité est la meilleure manière, de s'attirer l'amitié et le respect, y compris de ceux que vous avez peut-être bousculés dans leurs certitudes.

Cette phrase revient souvent chez toi : « Faut que j'appelle Untel. » Et tu oublies ?

C'est vrai. Faudrait que j'aie un petit carnet dans la poche pour noter ceux que j'ai un peu laissé tomber, oubliés, non par paresse, mais parce que je me suis laissé déborder depuis six mois. Et qu'au fond, pendant ces six mois, j'ai eu vraiment du mal à revenir de cette édition du Vendée, dans la lune, un peu perdu. Pas là, quoi. (Rires.)

Ça va de gens très proches à des techniciens, archis, constructeurs, etc. Je recule. Je vais les appeler, c'est sûr. Puis j'oublie et ensuite le temps passe. J'ai le jardin à faire, une équipe de tournage dans le chantier, une vingt-septième interview à donner, du bois mort de l'hiver à brûler ou à rentrer, à planter, te parler, de nouveau descendre au chantier, me rendre à un baptême de bateau, une inauguration, solliciter des partenaires, les recevoir, les convaincre, travailler à ce nouveau projet de scow, porter la bonne parole en Corse ou en Suisse et convaincre les jeunes insulaires qu'ils doivent se tourner vers le large, etc.

Nous évoquions Halvard Mabire, puis Loïck Peyron, peu ou prou de la même classe d'âge que la tienne. Dans cette galaxie des quarante dernières années, existe-t-il des personnages pour lesquels tu t'es dit un jour : « J'ai loupé la rencontre, j'aurais dû me rapprocher d'eux ? »

(Silence.) Je n'ai pas de regret, de rien, en fait. Peut-être si, quand même, un seul, à la réflexion : Peter Blake, que je n'ai jamais osé aborder. J'étais jeune et timide, emprunté. Pas à l'aise. Quand tu es admiratif de quelqu'un tu ne sais pas quoi lui dire. De peur que ça ne tombe à plat. Plus admiratif que timide, oui, c'est ça. Blake, avec *Ceramco NZ*, en 1981-1982, au départ de la Whitbread[1] c'était déjà une figure majeure de notre monde, mais pas encore le monstre sacré qu'il deviendrait par la suite. Il était à bord d'un plan Bruce Farr. Un bateau magnifique avec un gréement 7/8, c'est-à-dire que l'étai ne va pas tout à fait jusqu'à la tête de mât. Un bateau extraordinaire qui a démâté malheureusement au cours de la première étape, dans la direction de Cape Town, mais qui était supérieur à toute la flotte[2]. Un bateau léger, révolutionnaire, magnifique. Pas loin des trente mètres, de mémoire. Blake et ses gars sont intouchables, et Bruce Farr est pour moi une sorte d'idole de l'architecture.

L'ambiance est assez étrange au départ. Portsmouth est l'une des bases de la Royal Navy, dans le Solent, où est donné le coup d'envoi. Excitation d'un tour du monde et en même temps ballet au large des Harrier, ces avions de chasse de la Royal Air Force à décollage vertical, appontant sans cesse sur les porte-avions. Il y a aussi des frégates, des destroyers, un nombre incroyable de bâtiments militaires. On commence déjà à parler de tension diplomatique au sujet des Malouines, appartenant à la Grande-Bretagne (qui les nomme les Falklands) et revendiquées par l'Argentine. Quand on reviendra, presque un an plus tard, à Portsmouth, la guerre éclair des Malouines sera terminée.

À chaque tour du monde, je ne passe jamais très loin de l'archipel des Falklands. Parfois même à l'intérieur. Et je pense à cette guerre éclair et à mes vingt-deux ans. Blake est déjà un personnage installé dans le paysage mondial

1. Tour du monde en équipage.
2. Vingt-neuf bateaux au départ.

de la voile. Son bateau était exceptionnel. *Pen Duick VI*, lui (portant le nom d'Euromarché pour la course), notre bateau, était « bon rouleur, bon marcheur », comme on disait alors. Et c'est vrai qu'il roulait quand même beaucoup. *Ceramco*, lui, était un bateau planant, léger, petit mât, avec Peter Blake qui menait remarquablement son affaire. Mais il casse son mât alors qu'il est en tête. Finalement c'est *Flyer II* (du Néerlandais Conny Van Rietschoten) qui remportera la course. Ç'a été pour moi un crève-cœur parce que la Nouvelle-Zélande possède une culture profonde de la voile. Et que ce bateau dessiné par Farr était un bateau pionnier. J'étais secrètement envieux de Blake, de son bateau.

Leur bateau devait peut-être faire, allez, dix tonnes de moins que le nôtre. Une plume. On s'était pris des volées de bois vert sur l'eau, évidemment, tu penses bien... *Pen Duick VI* était complètement dépassé. On le savait avant de partir. Bon, on faisait notre service militaire, et rien que pour ça tu apprécies ces moments, ce privilège offert par Éric Tabarly, sachant aussi que l'outil n'est pas super performant. Or, on est en course. Et ça m'agace de me traîner. Plus d'une fois je me suis dit : « On est en croisière ou quoi ?... » (Rires.) Éric dira plus tard avec humour que nous avions fait un très bon convoyage[1].

C'est étrange car je sentais, sans parler très bien l'anglais, ma timidité m'empêchant d'aller plus loin dans les échanges, que les Néo-Zélandais et nous parlions au fond la même langue. Bretons, Néo-Zélandais, archipel, péninsule, enclavement, éloignement, budgets étriqués, démerde permanente, innovation. Les points communs

1. Onzième à l'arrivée.

sont nombreux. La défaite des Néo-Zélandais à la Coupe de l'America en 2013, face aux USA, perdue 9-8 à l'issue d'une improbable remontée des Américains, m'a foutu un bourdon terrible. J'étais tellement déçu pour eux. J'ai alors pensé à Blake. Leur trésor national à qui je n'ai jamais eu la force de parler. Trop d'admiration ! En revanche, aujourd'hui, si je ne me rapprochais pas de certains acteurs de la classe 40 pieds, je commettrais une erreur majeure. Mon esprit est travaillé par cette classe de bateaux. J'ai pris mon téléphone et j'ai arrêté de remettre à demain. J'ai besoin de leur regard quand ils évoquent la situation sur des points essentiels pour le futur bateau sur lequel on travaille pour le prochain Vendée. Je me suis déplacé. J'ai senti dans les yeux de mes interlocuteurs une volonté de partage du savoir.

Loïck Peyron affirme aussi que les regrets sont paralysants. À l'écouter, il n'en aurait pas, d'ailleurs. Tu partagerais cette attitude ?

Comme souvent, Loïck a trouvé le mot juste : paralysant. Le regret est inutile. Il te fait même presque du mal et rend malheureux.

Je pourrais, par exemple, regretter de ne pas avoir fait du golf dès l'âge de dix ans, tu vois ? (Rires.) Je ne regarde pas le passé et j'ai toujours des difficultés à mettre en mots ce que j'ai pu faire. Je regarde devant. Le coup d'œil dans le rétro, sauf en voiture, n'est pas ce qui me caractérise. Et regarder devant, c'est encore ce que je fais de mieux. Je ne vais pas ouvrir mes placards en grand et me dire : « Là, Jean, c'est pas mal ce que tu as produit en telle année… » Mes histoires sont comme de vieux pots de confiture recouverts d'une fine couche de paraffine. Mais est-ce qu'ils sont encore mangeables ? La date de péremption est quand même largement dépassée. (Rires.) Mes trophées rouillent dans mon penty[1]. Je sais que Loïck [Peyron] a fait de ses trophées une sorte de compression « à la César ». L'idée me plaît beaucoup. En fait, je me rends compte que je ne suis jamais encombré d'objets dans la vie.

Pas même un vieux sextant ?

Je vais te surprendre, mais je ne l'ai jamais vraiment utilisé. J'en ai eu un pour mes vingt ans. Il est resté chez ma mère, dans sa caisse en bois. Un Fabergé, de mémoire. Peut-être une fois ou deux, pendant le tour du monde avec Éric Tabarly[2] Mais bon, on avait déjà un Sat-Nav à bord qui nous donnait les positions quatre fois par jour, une sorte de GPS avant l'heure, en un peu plus sommaire.

Je n'ai jamais connu la navigation astronomique, puisque, pour la course de *L'Aurore*, puis du *Figaro*, on était équipés de balises. Aujourd'hui, n'importe quelle montre connectée du marché te donne le point. Même un de mes chiens possède un GPS dans son collier. (Rires.) Le monde du sextant était déjà finissant quand j'ai débuté. Cela dit, je peux comprendre un certain engouement pour cette navigation à l'ancienne, ce retour vers le passé, comme la Golden Globe[3]. Mais me faire rouler pendant

1. Petite maison bretonne en pierre.

2. En 1981-1982.

3. Le Français Jean-Luc Van Den Heede a remporté en 2018 l'épreuve en 211 jours, pour les cinquante ans de la course pionnière du Golden Globe Yacht Race où seule la navigation au sextant était autorisée.

six mois sur un petit bateau qui n'avance pas, très peu pour moi. C'est quand même un truc de dingues. (Rires.) D'expérience, une course où il semble difficile de contrôler la non-utilisation du GPS, même naturellement en se fondant sur une déclaration sur l'honneur, me laisse tout de même dubitatif. Je connais la nature humaine... Mais possible aussi que mon côté pessimiste me pousse à voir un arrangement avec la règle là où il n'y en a pas.

On a l'impression justement qu'à cette époque, précisément lors de ce tour du monde 1981-1982 de profils peu bavards, plus âpres, plus abrupts. Je me trompe ?

D'abord les moyens de communication étaient sommaires. Ça donnait l'impression d'un fort éloignement qui pouvait nous faire passer pour « sauvages ». À dix-huit ans, j'ai adopté ce profil de coureur qui fait et qui se tait. Philippe Poupon, mon voisin de Sainte-Marine, qui avait déjà navigué avec Éric [Tabarly], nous a ouvert la voie. Philou, c'était déjà trois victoires au *Figaro*. Et pas non plus le plus grands des bavards. À bord des *Fleury Michon*, Philou apporte quelque chose en plus, un sens de l'organisation, des moyens aussi. Il est le marin des années 1980.

En 1984, je suis équipier à bord du *Fleury Michon III*, trimaran de 26 mètres, pour la première de la Route de la Découverte, sur les traces de Christophe Colomb : Cadix-Saint Domingue.

Tiens, je vais te raconter une histoire. La veille du départ, nous voilà engagés, disons, dans une tournée... des grands-ducs. Je sors du restaurant, un peu ému, pour ne pas dire plus, et m'effondre : la tête sur un coin de trottoir. Je bredouille : « Surtout pas aux urgences, sinon je ne pars pas demain ! » Résultat : un énorme œuf de pigeon à l'œil. Le lendemain, et c'est sans compter une gueule de bois terrible, je ne voyais plus rien de l'œil gauche malgré la poche de glaçons pour tenter de réduire l'hématome. « Lucky », le frère de Philou, qui est dans mon quart, est dans la confidence. « T'en fais pas, me dit-il en se marrant, je ne dirai rien au petit chauve » – le surnom qu'il donnait à Philippe et qui le rendait furieux. (Rires.) J'ai passé les premiers jours de mer avec un bonnet pour cacher ce foutu cocard, offrant toujours à Philou mon profil intact. On remportera la course devant l'équipage de *Charente Maritime* qui avait cassé son système de barre et avait fixé une… clé à molette sur le safran sous le vent.

Si on passe alors à une dimension de performance et de sport, les épisodes un peu « foutraques », qui ont aussi marqué notre histoire, vont peu à peu disparaître au profit, disons, d'une meilleure hygiène de vie au cours de la fin des années 1990.

Mon profil de ces années-là, c'est barreur, équipier, préparateur. Mais pas causeur. Il y a quarante ans, par exemple, téléphoner à l'autre bout du monde n'était pas quelque chose d'acquis. D'abord il fallait trouver la bonne cabine. Ce n'était pas quelque chose d'aisé. Sans avoir à te rappeler que le portable n'existait pas. À mes débuts, il y avait Saint-Lys Radio à bord, que j'ai découverte lors du tour du monde avec Éric comme barreur et équipier. À vrai dire, la radio je l'ai assez peu utilisée. Je n'appelais jamais la terre, sauf ma mère durant l'escale. Appeler n'était pas un réflexe comme ça l'est aujourd'hui. En escale en Nouvelle-Zélande, par exemple, j'avais vraiment autre chose à faire que de passer un coup de fil. Je pars du principe : pas de nouvelles, bonnes nouvelles. Le silence de la mer vers la terre et *vice versa*. Un autre monde, même si j'adore aujourd'hui tourner des petites pastilles vidéo en mer. Bon, parfois le résultat peut laisser à désirer. (Rires.)

À l'escale d'Auckland en 1981, comme sur d'autres escales d'ailleurs, on bossait sur le bateau : le sortir de l'eau, le caréner. Éric nous laissait aussi quartier libre. Alors je filais sur les chantiers observer comment les types travaillaient, quelles étaient leurs habitudes, leurs façons de faire. Pas vraiment visité Auckland, à vrai dire. J'étais tout de même au pays de Bruce Farr. C'était comme si j'étais entré dans la petite communauté des « farristes », avec le sentiment d'appartenir à une sorte de micro-élite. Farr, à l'époque, n'avait pas encore la notoriété qu'il a eue ensuite dans les années 1990-2000. J'avais déjà navigué sur des Farr avant de partir sur le tour du monde, comme sur *45e Sud*, un quarter tonner, un bateau mythique, tout petit mais tellement génial, signé par lui.

Quelques mois plus tard, rentrant du tour du monde, je suis à New York en « stand-by » pour un record de l'Atlantique, à bord de *Fleury-Michon*. Que faire sans argent dans une ville pareille ? Je trouve un job dans le Maine, sur le chantier de Walter Green[1]en attendant la bonne fenêtre météo pour le record. Chez Green, j'ai compris toute la liberté qu'il y avait... à pointer. Moi qui croyais, comme les ouvriers de chez Renault, que la pointeuse allait totalement m'aliéner. En fait, j'ai géré mon travail comme je l'entendais. Chez Walter Green,

1. Concepteur des trimarans Acapella, dont le premier, *Olympus*, vainqueur du Rhum en 1978.

on travaillait encore le bois moulé, alors qu'en France on en était déjà au composite. Quinze jours merveilleux. Simplicité et efficacité américaines. Mon statut à l'époque était celui d'un mercenaire, tantôt pour Jet Services, tantôt pour Fleury Michon. Et préparateur. Et la principale qualité du préparateur, c'est de s'effacer, d'être transparent en étant totalement au service du bateau. Et du skipper. Preuve de mon dévouement, j'allais à la salle de gym à La Rochelle avec Philippe Poupon[1] quand il préparait la Route du Rhum 1982. Nous deux à la salle de gym !? J'en connais quelques-uns qui vont tomber de leur chaise en lisant ça ! (Rires.)

Récemment, une de tes filles a mis la main sur une carte postale adressée à ta mère lors d'une escale sur ce tour du monde 1981-82. Elle souligne que tu n'as pas changé, que tu écris toujours comme tu parles. Tu décris ce que tu vois comme un journaliste, dit-elle : couleurs, gens, leurs habitudes, impressions, avec beaucoup de précision. Tu écris que tout va bien, qu'Éric Tabarly est agréable, mais tu trouves qu'il devrait dire quand même plus souvent… bonjour. Tu t'en souviens ?

Pas du tout ! Éric n'a jamais été quelqu'un de fermé, d'obtus. Il a toujours été réceptif aux arguments des uns et des autres à bord. Évidemment, il avait une façon de faire, de naviguer bien à lui : toujours très toilé. Son expérience des gros bateaux, des efforts et des contraintes que cela supposait, était, pour le jeune homme que j'étais, impressionnante. Se souvenir que je venais du monde des petits

1. Vainqueur du Rhum en 1986.

bateaux. *Pen Duick VI*, appelé pour cette Whitbread *Euromarché*, faisait vingt-deux mètres. Un bateau lourd, en alu, même s'il avait été allégé de quatre tonnes pour ce tour du monde. C'était un univers pour moi inconnu, l'équipage sur une si longue distance, et sur un si gros bateau. Éric n'a jamais été inaccessible. Il pouvait être très très bavard dès lors qu'un sujet le passionnait : aucun bateau, y compris les bateaux de patrimoine ou de commerce, n'avait de secret pour lui.

Je t'ai dit un jour que je ne retoucherais jamais le portrait d'Éric. Je laisse ça à de bien meilleurs peintres que moi. Si on comptabilise tous ceux qui ont couru à ses côtés, ça en fait des artistes du pinceau ! Il est aussi faux de dire qu'il ne répondait pas aux questions. La paralysie n'est jamais venue d'Éric, mais des autres. Quand j'étais à bord de *Pen Duick VI*, j'allais le réveiller lors des quarts. Les autres, à bord, n'osaient pas. C'était le petit branleur de vingt et un an, le petit dernier, qui s'en chargeait : allez, debout ! au boulot !

Par son prestige, Éric a été vu parfois par le monde extérieur à la voile comme un homme qui aurait été sous cloche. Presque sous une cloche à fromage. Quelqu'un qu'on ne dérange pas. Mais ce n'est pas l'homme que j'ai connu. Éric, par sa simplicité taiseuse, était ce paysan du coin, ton voisin, que tu salues d'un signe de tête tous les jours quand tu passes en bagnole, lui s'en revenant d'avoir soigné ses poules, les mains sur le haut de sa fourche. Je lève la main ; il lève la main. Et au fond on s'est déjà tout dit.

Bon, c'est vrai, Éric n'aimait pas forcément les questions des journalistes. Sauf quand la discussion prenait un tour technique ou historique. Comme moi avec les journalistes, qui ont eu longtemps peur de venir m'interroger alors que je suis agréable et disponible. (Rires.) Et c'est vrai ! Encore un malentendu ! Pour l'expliquer, on ne peut pas écarter une petite flemme, parfois, des journalistes, qui nous rangent dans un tiroir dont on ne peut plus s'échapper. Quand je disais : « Éric, c'est l'heure », il n'allait pas m'engueuler. À bord de *Pen Duick VI*, on parlait entre nous. Tu sais, avec les quarts, on se croise. (Silence.) Il n'y a pas de place pour les longs discours. Et puis après, ça dépend de chacun, n'est-ce pas… Tu manges, tu te couches, tu reprends ton quart, ainsi de suite. J'étais figariste. Éric, officier de marine, m'avait pris à bord pour que je fasse mon service militaire. Et je garde un souvenir très agréable de l'année 1981-1982. Cela dit, je ne sortais pas non plus de nulle part ! Si la légende qui dit que je dois tout à Éric est plus belle que la réalité… alors publie la légende. C'est comme ça que je me suis trouvé dans la penderie des coureurs qui doivent toute leur carrière à Éric.

Et puis on ne va pas contre la légende, hein ? Et après tout, je m'en fous un peu, si la légende est vraiment jolie. Et si c'est ce que vous voulez entendre, alors pourquoi pas ? Éric et moi, nous ne nous sommes jamais perdus de vue. On s'est retrouvés en 1989 pour la Transat Lorient-Saint Barthélemy à bord du trimaran *Bottin* : chavirage. Éric se blesse, repêchage sur un cargo panaméen qui fait route vers la Floride, et trimaran perdu. Le dogme d'Éric : plus tu es toilé, plus tu vas vite. Disons un dogme un peu… rustique. Plus chêne que roseau en fait. Sur le coup, j'ai quand même gueulé. J'étais coarmateur à l'époque. On a bien essayé de récupérer le bateau. Mais tout était mal emmanché.

Tu resteras le seul type qui aura engueulé Éric Tabarly ?

Tu parles d'une médaille… Tu sais, je ne me souviens plus vraiment de ce que j'ai dit à chaud. Il s'était quand même cassé la clavicule quand on a chaviré. Mais ça reste un crime de lèse-majesté ! Comment *chui-là* a pu engueuler Éric Tabarly ? Dans la tête des gens, c'est impossible ! On n'engueule pas le maître. (Rires.) Quand tu es propriétaire et que le type avec qui tu es en course te fout le bateau à l'envers, il a droit quand même à une petite soufflante… Et ce, tout Éric Tabarly qu'il est.

En fait, je résume : tu passes un savon au seul mythe de la voile en 1989, et déjà en 1981 tu étais le seul à le sortir de sa bannette ?

Mais ouais, c'est ça. (Rires.) Nos relations n'ont jamais été affectées par mon coup de sang. Elles ont toujours été très bonnes, très chaleureuses. Je répondais toujours présent quand Jacqueline Tabarly organisait à Gouesnach, dans la longère familiale le long de l'embouchure de l'Odet, le fameux repas des anciens. Comme on était un certain nombre, Jacqueline faisait ça parfois par tranches d'âge. C'était formidable. Et toujours drôle, sympathique, vivant. Et tellement riche.

Quand tu évoques tes débuts de carrière, celle de coureur-constructeur, nous sommes à cheval entre la fin des années 1970 et le milieu des années 1980 ?

Je dispute mon premier *Figaro* en 1978. Et les deux activités vont toujours rester entremêlées. À l'époque, j'enchaîne les entraînements d'hiver (Concarneau, La Trinité). On disputait aussi la semaine de Cowes[1] sur *Mervent* ou sur un half tonner, le fameux plan Farr dont je t'ai parlé. J'étais déjà de plain pied dans le *Figaro*. Ma première épreuve au long cours fut La Baule-Dakar en 1980 sur un... Swan. Puis, en 1981, le tour du monde sur *Pen Duick VI* avec Éric Tabarly. S'intercalent les épreuves du *Figaro* toujours en pointillé, la course elle-même dure un petit mois. Dans le même temps, je participe à la construction dans le chantier de Gilles Ollier des catamarans *Jet Services*, puis de *Crédit Agricole*. Je navigue sur *Jet Services* et participe à Québec-Saint-Malo sur *Crédit Agricole*. Ensuite je vais glisser tranquillement sur les Formules 40[2] en 1985, que je construis avec Hubert Desjoyeaux et Gaëtan Gouérou au sein de CDK Composites, dessinés par Marc Van Peteghem, et sur lesquels je vais remporter trois titres de champion du monde (1987-1988-1989). Toujours avec les saisons en *Figaro* et les essais de l'hydroptère en parallèle.

La création du chantier CDK Composites, cofondé avec Hubert Desjoyeaux, Gaëtan Gouérou et toi-même, intervient en quelle année ?

1984. Une aventure extraordinaire avec des copains d'enfance avec lesquels on a navigué en équipage à Port-la-Forêt, Concarneau, puis Cowes, etc. Nous étions actionnaires à hauteur d'un tiers des parts. Hubert au bureau d'études, Gaëtan – qui venait de l'École supérieure

1. Compétition annuelle, en été, dans le Solent, avec des milliers d'équipiers sur tous types de bateaux.
2. Trimaran ou catamaran de 40 pieds (entre 10 et 12 mètres).

nationale maritime de Nantes – à la gestion, et moi… en ouvrier. On devait sortir pour notre première commande un trimaran de 26 mètres. Le commanditaire s'est désisté. En guise de trimaran on a sorti… une planche à voile océanique de 6 mètres pour Stéphane Peyron[1]. J'avais un triple statut à CDK. Client, puisque mon Formule 40 (trimaran) était en chantier et portait le nom de mon sponsor, *Biscuits Cantreau*. Actionnaire. Et, donc, fabricant en bleu de travail. D'où parfois des situations cocasses.

J'étais en train de poncer, et qui ponce pense, quand se pointent des architectes en visite de chantier. Qui va jeter un œil à un gars en bleu de travail, du papier de verre à la main et masque sur le visage ? Puis, je prends part à la conversation en disant : « Là, il faut renforcer. Ça ne tiendra pas. » Puis je repars poncer. Stupéfaction ! Impensable à leurs yeux que cet ouvrier porte trois « casquettes » : actionnaire, client et coureur. L'habit ne fait pas le moine, tu vois…

Je me souviens qu'un samedi, après une nuit blanche et une mise à l'eau tardive du bateau, à quatorze heures, j'enfilai mon costume de skipper, chemise et pantalon blancs, pour accueillir ma « marraine », Jacqueline Tabarly, pour le baptême d'un de mes Formule 40. Au fond de moi je suis resté un coureur « bleu de travail ».

Des bateaux, à CDK Composites, jusqu'au début des années 1990 où le chantier a été repris, on en faisait un par an. Quand Bénéteau a commencé à rentrer en Formule 40, notre chantier CDK-Composites en fait du petit bois. On gagnait tout, et avec des budgets deux fois moins importants. Puis la greffe des Formule 40 n'a pas pris. Fin

1. Le benjamin des Peyron.

de l'histoire en 1990. Pourtant, c'était une alternative aux grands multicoques, trop coûteux. Puis, en 1989, lors de Lorient-Saint-Barthélemy-Lorient, on chavire avec Éric sur *Bottin*. Le bateau appartenait… au chantier CDK Composites. Donc aussi à moi. Il sera déclaré perdu. La perte plonge le chantier dans une situation financière compliquée. Le chantier sera sauvé et deviendra CDK Technologies. Mais cette époque signe la fin de notre trio d'actionnaires.

Je souhaiterais revenir sur la notion de régate et sur des personnages auxquels tu t'es confronté depuis quarante ans… Pour ne parler que du mitan des années 1980 et des années 1990, y avait-il des concurrents que tu jugeais supérieurs, ou qui, par une technique ou une intelligence du plan d'eau, ont pu te marquer ?

En Formule 40[1], un peu avant la venue des Américains sur le circuit, il y a eu les Anglais sur *FullPelt*[2]. Ils avaient toujours une année de retard sur l'évolution des bateaux. Un peu trop suiveurs à mon goût en termes d'innovation. Jo Richards et Stephen Fein. Deux super-mecs. Je m'entendais vraiment bien avec Jo Richards, issu de l'olympisme et concepteur de bateaux. C'était un acharné sur l'eau.

Les Américains ont ensuite intégré le circuit des Formule 40. Forts de leur culture lacustre. Ils avaient un bateau très large, avec des patins et des flotteurs, mais articulés. Alors que nous c'était : deux flotteurs, une coque centrale, des bras rigides. De vrais solides concurrents. Et toujours leur petit mât, encore une fois. Leur règle : faire léger.

1. Multicoque de 12 mètres.
2. Du nom du sponsor.

Avec leurs petits flotteurs, dans la brise, ils avançaient comme des avions. Ils manquaient toutefois d'un peu de polyvalence dans le petit temps, et au portant. Ils avaient une démarche vraiment passionnante. On doit être dans les années 1987-1989. Dans le même temps arrive l'architecte Gino Morelli qui dessine un catamaran. À bord : Randy Smyth (Smyth Team), médaillé olympique de Tornado, et, de mémoire, Cam Lewis qui sera plus tard un des équipiers de Bruno Peyron sur les trophées Jules Verne.

Randy Smyth sort du lot. Sans compter évidemment les Français : Philippe Poupon, Serge Madec, Alain Comyn, Christophe Auguin, Roland Jourdain, Michel Desjoyeaux, etc. Mais la mayonnaise des Formule 40 ne prend pas, malgré des grands prix en Angleterre et en Belgique. Les sponsors vont peu à peu s'en désintéresser, et, en 1990, l'histoire se termine. Enfin, pas complètement, car les Extreme 40, extrapolation de ces F40, vont faire leur apparition, « libellules » de carbone du lac Léman. Puis les Maxis-Multis, D35, M20... Qui seront ensuite les AC45 ailés des America's Cup World Series.

Tu as participé à la Solitaire du Figaro *pour la première fois en 1978, réalisé ton premier podium en 1985, remporté les éditions 1994, 1996, 1999. Quels ont été les concurrents qui t'ont alors le plus marqué sur cette course si « française », la véritable école du large ?*

Parmi la dernière génération, le parcours de Xavier Macaire est vraiment notable. J'espère qu'il surmontera ses déceptions, car c'est vraiment un beau coureur que je suis depuis un moment. Mais celui qui me vient immédiatement à l'esprit, c'est Pascal Bidégorry. Par son caractère agressif sur l'eau, c'était l'un des plus coriaces que j'aie pu rencontrer. À l'époque, il est tout jeune, accompagné de ses parents. Ça m'avait frappé, les parents et leur fiston. Un Basque, « Bidé »… Ça explique sûrement son caractère déterminé et parfois impossible.

Bon sang, qu'on s'est battus sur l'eau ! Mais toujours ce côté « réclamateur » chez lui. Son petit côté tapis vert. Ça m'a bien agacé à l'époque. Impitoyable. Increvable sur l'eau[1]. Sa carrière parlera ensuite pour lui. Un Basque, un Breton : ça ne pouvait que marcher entre nous. (Rires.)

Bien sûr, Dominic Vittet qui remporte le *Figaro* en 1993. Je gagne trois étapes cette année-là, mais je perds le général. Ce n'est pas un très bon souvenir. « Minot » Vittet était parmi les coureurs les plus performants dans les années 1990, 1991, 1992. Évidemment, ensuite, Yann Eliès, Jérémie Beyou et Armel Le Cléac'h ! Ils entrent dans la carrière au moment où j'en sors.

Me revient en tête Éric Drouglazet ! De Trégunc. Impossible de m'en débarrasser ! Toujours dans ma route. Quand on parle de coriace, il se posait là… Deux fois deuxième et une victoire. C'est pas rien ! Puis il y a Gildas Morvan, jamais récompensé par une victoire au général malgré vingt-deux participations et tellement de titres de champion de France de course au large. Un monument du *Figaro*, le Géant vert[2].

1. Victoire dans le *Figaro* en 2000.
2. Surnom de Gildas Morvan.

Enfin tout de même, Michel Desjoyeaux dont tu n'as pas évoqué le nom spontanément ?

Quand même, Mich ! Voyons ! Trois victoires… Sa première en 1992 devant moi. Son palmarès parle pour lui. On pourrait y passer la journée… Je l'ai connu, il faisait du vélo avec des petites roues quand on partait naviguer avec Hubert, son frère aîné. Quelle carrière depuis les petites roues ! (Rires.)

Nous sommes toujours voisins, mais on ne se voit quasiment jamais. Parfois la vie sépare les gens. Mais on s'est toujours battus avec fair-play. Et c'est ce qui compte le plus.

Nous avons été, entre autres, les instigateurs du Pôle de course au large de Port-la-Forêt. En 1992, Mich gagne le général à Port-la-Forêt. Je remporte l'étape. À la pointe de Trévignon, le vent tombe d'un coup. Résultat du général : six minutes d'écart entre nous. Nous sommes alors la vitrine du large. Le Challenge de l'Espoir Crédit Agricole est monté dans la foulée. Nous sommes aussi appuyés par les élus du conseil général pour créer cette filière nautique. Nous recevions les candidatures. On jugeait sur l'eau, poste par poste. Pour n'en retenir que huit, dix chaque année. C'est comme ça qu'apparaît dans la pile le dossier de Franck Cammas, qui avait été retoqué au motif qu'il n'était pas… finistérien. Franck venait d'Aix-en-Provence, de mémoire. J'ai dit : « Putain, il faut ouvrir les candidatures ! On ne va pas rester comme des couillons entre Finistériens ! » On passe alors à onze candidats, dont Franck. J'entends encore cette phrase : « Il est très bon, mais il n'est pas d'ici. » J'ai explosé ! J'ai été très incisif sur cette histoire, car on allait commettre une injustice majeure.

On pourrait considérer que Franck Cammas te devrait, en quelque sorte, sa carrière ?

D'une certaine manière, oui. Du moins, ses débuts. Je souhaitais que cette dimension finistérienne ne soit pas restrictive. On cultivait l'excellence, et, dans le même temps, ne pas accepter Cammas au motif imbécile qu'il était né ailleurs, c'était aller contre l'idée même d'une filière qui garde les meilleurs. J'ai vu tout de suite qu'on avait affaire à quelqu'un de vraiment supérieur. Intelligence hors normes, rapidité hallucinante, capacité d'analyse exceptionnelle. Dureté terrible aussi de l'homme sur l'eau. Il y a bien un revers à la médaille et il n'amoindrit en rien le champion : ce n'est pas l'homme le plus drôle du monde et je déclinerais poliment si je devais passer des vacances avec lui. Franck n'est pas du genre à se taper sur les cuisses. (Il rit.)

Cela dit, il a un cran qui m'épate. Et un courage ! Son palmarès est inouï : *Figaro*, multicoques Orma, Jules Verne, Route du Rhum, Volvo Ocean Race, phases qualificatives pour la Coupe de l'America. Sans compter des épreuves de match-racing. La performance absolue ! Mais pas de Vendée Globe en revanche. Pourtant c'est le coureur complet. Le plus terrible, c'est que j'ai failli l'oublier de la liste. J'ai failli commettre une erreur monumentale. Il aurait été impardonnable d'oublier Mozart ! (Rires.) Virtuosité, mais aussi victime de sa propre froideur. On sait bien qu'un pur esprit est étranger aux sentiments. Et Franck, sur l'eau, n'en a pas.

5

Petits pois-carottes, mal de cœur et baptême

« Un baptême sans curé, c'est tout ce que vous voulez, mais ce n'est pas un baptême »

Comment rejoins-tu le circuit des multicoques de l'Orma en 2000, alors dominé par Loïck Peyron, Alain Gautier, Franck Cammas, notamment ?

Nous sommes en 1999. La famille Bonduelle cherchait, non pas à asseoir la notoriété de la marque, qui était très déjà haut, mais plutôt à se donner une image plus qualitative. Le cyclisme a d'abord été son premier choix, mais les scandales qui touchaient le vélo l'ont vite refroidie.

Les Bonduelle, conseillés par Havas pour se positionner dans le sponsoring, ont alors confié à l'agence la mise en œuvre d'une sorte de casting. La marque était connue, mais voulait gommer cette connotation petits pois-carottes pour mettre en avant surgelés, salades en sachet, etc. Tu vois que je ne suis pas si mauvais en marketing. (Rires.)

Bonduelle souhaitait une femme skipper. Karine Fauconnier a alors été sollicitée. Mais il y a eu assez vite une ambiguïté : Karine Fauconnier aurait été leur skipper et moi, au regard de mon passé de figariste et, notamment, de mon expérience sur les Formule 40, l'entraîneur, en quelque sorte, le tuteur pour la porter dans cette classe de trimarans de 18 mètres qui prenait la lumière, y compris dans des journaux qui ne traitaient pas nécessairement de la voile.

J'ai eu beau tourner dans ma tête toutes les solutions, je ne voyais pas comment cela pouvait marcher avec Karine. Je me suis rendu au siège de Villeneuve-d'Ascq pour annoncer aux Bonduelle que je n'imaginais pas comment cette histoire pouvait s'écrire ; et que je me retirais du projet. En clair, j'y allais pour leur dire non. Et là, les Bonduelle me répondent : « Reste un peu, on t'a choisi, finalement. »

Je suis resté un peu « drôle » sur le coup car j'avais fait toute cette route pour leur dire non. À la vérité, le projet que nous avons monté avec Karine a vite comporté trop de discordances d'opinions et de techniques. J'emploie le « nous », car à l'époque Patrick Maurel, qui avait travaillé avec Florence Arthaud sur *Pierre Ier*[1], possédait une expertise sur ces multicoques de 18 mètres. Il avait une connaissance à la fois technique et managériale, et des arcanes du sponsoring. Bref, une maîtrise de l'écosystème de ces trimarans.

1. Bateau vainqueur de la Route du Rhum 1990.

J'imagine que Karine Fauconnier l'a très mal pris. Elle a dû penser que tu l'avais doublée, ou que tu avais manœuvré en coulisses ?

Oui, c'est ça. Nos relations sont restées glaciales un bon moment, puis le temps a fait son affaire. Sur le coup, j'étais forcément le type qui lui avait piqué son sponsor. Ce qui n'était pas la réalité. J'avais simplement refusé cet attelage bancal. Ce projet tel qu'il était couché sur le papier était mal ficelé. En réalité, le choix de Bonduelle était déjà acté quand j'ai poussé la porte du bureau. Un groupe familial comme celui-là a dû prendre du temps pour mettre en balance sa décision. Peut-être, d'ailleurs, à l'occasion d'un déjeuner dominical ? Ce fut une décision collégiale, m'ont-ils avoué plus tard. On ne peut pas dire que j'aie fait du rentre-dedans pour décrocher le poste ! Je ne le voulais pas. Du moins, pas tel qu'il était défini. Ça ne pouvait pas marcher, ni pour eux, ni pour nous deux, ni pour personne, d'ailleurs.

En entrant dans le bureau au siège de Bonduelle, je pensais surtout à ne pas louper le train du retour. Je m'étais dit : « Allez, on se quitte là. En se souhaitant bonne chance pour la suite. » Mais ce fut un vrai scénario à rebondissements, je ne m'imaginais pas cette issue. Un an plus tard, en juillet 2000, le bateau est mis à l'eau. Construit en partie à Cherbourg chez JMV où Nordahl Mabire[1] chapeautait la construction. Puis en Vendée et à La Rochelle pour l'assemblage. Mais entre le lancement et la sortie de chantier, les budgets de fonctionnement avaient… doublé. On est tombés au cœur d'une inflation qu'on n'avait pas anticipée. Les écuries Belgacom, Fuji et Groupama,

1. Frère de Halvard et fils de Jean Mabire.

notamment, avaient fait flamber les coûts. Nous étions riches à l'automne 1999. Et quasi pauvres à l'été 2000.

Les Bonduelle s'étaient fixé un budget et n'entendaient pas le dépasser. Du moins pas dans les proportions des plus grosses équipes concurrentes. Avec pour corollaire moins de compétences en interne, une équipe plus réduite et en bout de chaîne plus d'emmerdements car pas les moyens de lutter techniquement ni de pouvoir valider nos développements. Nous courions en permanence derrière les autres concurrents, un peu comme un poulet sans tête. On prend cette direction ? Non, finalement c'est pas la bonne, etc.

Dans le même temps, les trimarans deviennent de plus en plus compliqués. Le marin se trouve dépassé par la technologie : il faut la valider, en mesurer les bénéfices, etc. Assez rapidement est fait le constat que ces trimarans ne sont pas adaptés pour faire du solitaire, mais de plus en plus maximisés pour l'équipage de manière à disputer les Grands Prix. Donc, des bateaux très, très optimisés pour des petits parcours, vendus comme très télégéniques, pour des manches entre bouées. Inflation technologique, inflation des équipes, des déplacements, et une logistique assez lourde, etc. Il faut se souvenir que les mâts étaient très hauts, les bateaux portaient beaucoup de toile, avaient une vélocité et une instabilité extraordinaires… mais n'allaient pas très loin. Je ne reviens pas sur la Route du Rhum 2002 qui a balayé la flotte. Et deux, trois ans plus tard l'histoire prendra fin.

Voilà donc que j'arrive au milieu de l'épopée de ces trimarans. En fait, l'histoire était déjà en partie écrite par d'autres. Je ne parle même pas des victoires de Florence Arthaud et de Laurent Bourgnon dans la Route du Rhum sur des trimarans qui étaient encore relativement marins, donc aussi plus sommaires, mais bien de la toute fin des années 1990, celles où Alain Gautier et Loïck Peyron régnaient en maîtres. Puis, évidemment, de Franck Cammas qui survolait.

Je suis comme le « petit nouveau » dans la cour des grands. Et il faut intégrer à vitesse grand V toutes ces complexités, dont les mâts basculants, puis les foils courbes, etc.

La course à l'armement nous avait rattrapés. Certes, l'ORMA avait inventé la vitesse. Mais aussi les emmerdements. Ç'a été pour moi une période assez malheureuse. Pas de joie sur l'eau. Que des ennuis, des casses, du chantier, naufrage et fortunes de mer. Aucune satisfaction sportive au bout du compte.

L'édition 2002 de la Route du Rhum est restée dans les mémoires comme celle de la grande casse...

C'est exact. Je percute le trimaran de Franck Cammas (*Groupama*), qui s'est retourné, la première nuit de mer. Puis je fais route vers Camaret. On répare le bateau. On attend une fenêtre météo. On n'avait droit qu'à une seule escale avec assistance. Je repars et m'aperçois que la météo n'était pas du tout celle qui était prévue sur zone dans le golfe de Gascogne. Une mer horrible. Casse et remorquage du bateau à Porto. Fin de l'histoire. Moment très, très douloureux.

Mais pour autant, cette relation avec Bonduelle ne s'interrompt pas ?

Nos relations ont toujours été bonnes, chaleureuses même, comme toutes les relations que j'ai eues avec mes sponsors. On lance la construction à Cherbourg de deux bateaux jumeaux, dont l'un sera pour Roland Jourdain. Lui sous les couleurs de Sill et moi sous Bonduelle. Mais mis à l'eau tardivement, en mai 2004. Pour un départ du Vendée en novembre de la même année. Assez vite, des problèmes de vibration de quille apparaissent. Et je refuse de faire la Transat anglaise dans la foulée. Les Bonduelle : « Tu dois y aller, c'est important. » Moi : « Non, ce n'est pas sérieux, il faut renforcer la quille, le Vendée part dans six mois. » Ce Vendée où je terminerai deuxième derrière Vincent [Riou]. Bilou [Roland Jourdain] abandonnera sur un problème de… quille. Avec Bonduelle, on avait fait un tel carton médiatique que j'étais certain que le partenariat allait se poursuivre.

La famille était enthousiaste, les retombées exceptionnelles. Juin 2005, j'entre dans le bureau de Christophe Bonduelle pour faire le point sur la suite. Je flairais pourtant un truc étrange, comme un doute sur le futur. La porte du bureau se ferme, et il me dit : « Jean, on arrête. » C'était brutal. Même Félix, le patriarche de la famille, n'a pas compris cette décision prise par ses fils. Nous étions proches. La preuve, il était venu lui-même me chercher à l'aéroport de Lesquin. On avait tissé des liens de confiance et d'amitié. Chez les Bonduelle, comme dans toutes les grandes familles du Nord, la fidélité a toujours été un principe de vie. Cette rupture restera à jamais une énigme et une petite blessure. J'étais tellement sonné par le « on arrête » que je n'ai même pas demandé : « Et pourquoi ? »

Il me reste tout de même de bons souvenirs de cette époque Bonduelle, y compris de la famille. Ce sont des gens attachants, chaleureux. Tiens, je me souviens du baptême du trimaran. Une agence de com' est alors sollicitée pour l'organiser. Comme tu sais, Jacqueline Tabarly a toujours été la marraine de mes bateaux. La boîte de com' me dit : « On va faire notamment un lâcher de ballons, ça va être sympa, tu verras », etc. Sans être un écolo de la première heure, des centaines de ballons dans la nature, c'est pas… très écolo, un lâcher de matières plastiques. La com' a parfois de ces idées…

Je leur demande ensuite s'ils ont trouvé un prêtre. C'est comme si j'avais demandé un truc incongru. On me dit que non, ce n'est pas prévu. Comment ça, pas prévu ? Je leur dis qu'un baptême sans curé, c'est tout ce que voulez, mais pas un baptême. Ou alors appelez ça d'un autre nom. Disons qu'avec les boîtes de com' on ne s'est pas toujours bien compris, et le mot est faible. (Il rit.)

Comme dans les grandes familles il y a toujours un cousin, un frère, un oncle dans les ordres, c'est le père Benoît Bonduelle qui s'en est chargé. Un Bonduelle qui baptise un… Bonduelle. Tout était en ordre ! Il a aussi, par la suite, baptisé le monocoque.

Pourtant, autant que je sache, tu n'es ni religieux ni pratiquant ?

J'ai fait ma communion, c'était la norme de l'époque. Mais pas assidu au catéchisme, comme tu peux imaginer, pas plus qu'à l'école, d'ailleurs. Puis je me suis vite détaché du catholicisme dans une famille qui n'était pas du tout pratiquante. Il me reste des petits bouts de cette culture. Je ne pousse jamais les portes d'une église, sauf quand j'entends les grandes orgues. Ça me transporte, les orgues. Parfois d'une chapelle, mais alors pour admirer une originalité de construction, une charpente…

Cela dit, si on reste sur le baptême, il y a nécessairement une bénédiction. Les mots ont un sens, non ? Certains pourraient renommer ça fête, fiesta, java bleue, par exemple. Je n'y vois pas d'inconvénient. Mais je tiens à cette tradition maritime. Point à la ligne. Tout comme casser la bouteille de champagne, il vaut mieux ne pas rater. L'autre condition est la présence indispensable de Jacqueline Tabarly. Aussi incontournable que le prêtre et le champagne. Jacqueline est elle-même un emblème de la voile, de ma voile. L'ombre d'Éric est toujours là, présente. C'est cohérent : Jacqueline, Éric. Elle porte une longue histoire dont la mienne est un fragment. Une permanence. Jacqueline, c'est mon trait d'union. C'est ma seule marraine – ma reine. Et Jacqueline est toujours là.

Tu es superstitieux ?

Mais oui, dis donc ! Je ne prononce jamais le mot du nom du rongeur aux longues oreilles. Je dis : polop-polop. La superstition fait partie de ces traditions dont j'ai parlé plus haut. Comme jamais de mise à l'eau… un vendredi 13. Eh oui, je suis superstitieux. Comme dit Loïck Peyron, c'est une maladie qui se transmet de port en port.

Question de profane : tu n'es jamais malade ?

Ah, mais si, bien sûr ! Je sais en général que cet état va durer deux, trois jours. Surtout s'il y a des mauvaises conditions au départ. Là, je n'ai pas été malade sur ce Vendée. Mais parfois je suis bien patraque. En réalité, c'est presque anormal de ne pas être malade en mer. Une règle peut déjà l'éviter, celle des « 3 F » : froid, fatigue, faim. En écartant ces 3 F, la menace se réduit.

Les vapeurs de gasoil dans un bateau, par exemple, sont terribles. Tu as froid, tu es trempé et ça pue le gasoil ? Tu y passes ! À la vérité, peu de coureurs ne sont pas malades en mer. De plus en plus maintenant ils l'évoquent très simplement. Il y a encore quelques années, cet état n'était jamais évoqué, ou rarement. C'était presque une honte d'être malade. Un tabou. Le stress du départ est aussi un facteur aggravant. L'abandon de la vie de terrien et de ses habitudes, la houle, un coup de froid : c'est radical.

En général, je m'amarine totalement après trois, quatre jours, parfois moins. Je commence à prendre mes marques, doucement. À oublier les séquences du temps du terrien, à me sentir de plus en plus à l'aise avec le bateau. En novembre dernier, quelques heures après le départ, je me suis retrouvé en tête. La nuit venait de tomber. J'ai ensuite longé les côtes espagnoles, au ras de la côte. Et je me suis endormi. J'étais à trois milles… de la côte. Il y a des miracles de temps en temps. Des petits miracles. (Rires.)

Le jour se lève, c'est le petit matin, et là, j'aperçois *Corum*, le bateau de Nicolas Troussel. La bonne option. Je suis dans ma course. Pas patraque. Parfaitement bien. Je m'acclimate. Le mot me fait toujours sourire, je pense à un

Inuit qui serait télétransporté sous les tropiques. Ce n'est pas encore un choc thermique, mais culturel : l'abandon de l'existence de terrien. Tu deviens marin. Une nouvelle peau. Qui sera la tienne pendant ce long voyage rapide, avec toujours cette dimension de performance à accomplir.

Les reporters de guerre disent souvent qu'il y a deux moments clés qui nécessitent une vigilance accrue : les toutes premières heures sur le terrain, et surtout les dernières, sachant qu'à la fin d'une mission l'attention décroît, le soulagement de s'en être sorti sans dégâts faisant disparaître inconsciemment toutes les règles de sécurité qui avaient prévalu jusque-là. J'imagine que ça te parle ?

Et comment ! Puisqu'on rentre sur son propre terrain, celui qui nous conduit à la maison. Les trois derniers jours, la tension se relâche. Il y a déjà une projection qui marque la fin de l'aventure. C'est précisément là que l'expérience est vraiment utile. La fin de course est parfois plus dangereuse que la course elle-même. La terre est le danger majeur. C'est de la terre que viennent les flottilles de pêche, par exemple. Boris Herrmann en a fait l'amère expérience à la fin du mois de janvier 2021 : collision avec un bateau de pêche la dernière nuit en mer et probablement une place sur le podium, peut-être même la première, qui s'est envolée. Moi-même, j'ai eu trois bateaux en même temps en zone de collision quand je suis passé dans le rail des cargos[1]. Il n'y avait

1. Ouessant-cap Finisterre.

pas de visibilité. L'AIS[1] est un moyen de les éviter, mais pour autant tu ne sais jamais si tu vas passer devant le cargo, ou derrière… Je suis passé à cent mètres, il était visiblement en panne. Juste ses feux se dessinaient dans le brouillard. C'était totalement fantomatique. Fantasmagorique.

Sur l'écran, un risque de collision est signalé : là, tu passes devant ? Quinze minutes plus tard, l'AIS te fait passer derrière. Et là, c'est très mauvais signe. Tu freines ? ou tu accélères ? La mauvaise solution, c'est de passer devant. Plus la délivrance te semble à portée de main, plus la menace est proche. On imagine la ligne. On la rêve. On l'a retravaillée dans de multiples scénarios, surtout cette année. À quelques heures de l'arrivée, le podium était encore indécis. Sachant aussi que j'avais cette épée de Damoclès au-dessus de la tête en permanence : le bateau va-t-il tenir ? Au moins, ma boîte à larmes était vide quand j'ai passé la ligne : je n'ai même pas pleuré. Puis mes gars, enthousiastes, heureux, sont montés à bord – ils ont le droit de monter une fois la ligne franchie. Trois, quatre mots de félicitation. Il y avait de la mer. Une foutue mer. Il ne fallait pas casser le bateau avant de pouvoir attendre la marée pour embouquer le chenal.

Encore une fois, ne pas baisser la vigilance. Il y a quatre heures à tuer avant d'entrer dans le chenal. Je vais me coucher. Le bateau est à la cape[2]. Il fait froid. Une mer… de malades. Ça bouge de partout. Même pour rentrer au port,

1. Automatic Identification System.

2. Le voilier est immobilisé, grande voile choquée ou à sec de toile, barre sous le vent.

c'était tendu. On a affalé au dernier moment. J'ai d'ailleurs craint jusqu'au bout la fameuse connerie de dernière minute. Le fameux relâchement.

Puis, d'un coup, je me suis dit : « Mais c'est pas vrai ! On va rater notre entrée et finir sur la plage des Sables-d'Olonne, à marée descendante, couchés sur l'eau, bateau fracassé ! Ah ! T'imagines les unes du lendemain ? "Le Roi Jean termine son tour du monde… sur la plage." » J'ai piqué un petit coup de sang. (Silence.) Il fallait remettre les mecs en ordre de marche. Pour qu'ils prennent conscience qu'on ne se relâche pas. Qu'on n'y est pas encore. Et que la fête attendra encore un peu.

Et dormir ?

Je n'arrive pas à dormir sous le vent, même pendant le Vendée. Tout simplement parce que tu ne fais pas contrepoids et que tu nuis à la performance du bateau. Et parce que je ne suis pas conditionné pour ça. Un type qui monte sur un bateau et qui irait ensuite dormir sous le vent, ce type-là est tout sauf coureur. Kévin [Escoffier], par exemple, lorsque nous étions à bord ensemble, après le sauvetage, n'a jamais dormi sous le vent. Jamais !

Pourtant, face à la mer, j'avais mis mon pilote en mode compas pour avoir un meilleur angle par rapport à la mer, et non pas par rapport au vent. Plus j'y pense, plus il m'apparaît que mon *Alegria*[1], à 7 nœuds, 8 nœuds, aurait été merveilleux pour me bercer. Ça aurait pu être le bonheur absolu. (Il sourit.)

1. *Alegria* est un Swan59 de 1989 que Jean Le Cam vient d'acheter.

Si tu devais éventuellement donner deux conseils « domestiques » pour un tour du monde, quels seraient-ils ?

Un Vendée, c'est un peu plus d'un mois de froid et d'humidité. L'alimentation d'abord. Une règle chez moi : pas de lyophilisés à bord. Que des petits plats préparés par Bon Bag, une société familiale qui me fournit depuis huit ans des repas que j'apprécie à terre et qu'Anne supervise, car elle sait ce que j'aime ou n'aime pas. Le tout, en mer, réchauffé dans un petit wok sur le gaz. Bien manger quand tu es dans le dur est un atout de plus pour tenir.

Ensuite, avoir chaud grâce… au « chauffage central ». C'est un système que j'ai mis au point pour récupérer la chaleur du moteur qui alimente mes énergies du bord. Quand je monte sur un bateau, je demande toujours à la fin de la visite : « Au fait, t'as le chauffage à bord ? » C'est ma deuxième règle. C'est aussi un moyen de déshumidifier l'intérieur du bateau, dont l'électronique de bord. Les vêtements sèchent. Comme tes bottes. En glissant un tuyau souple de chauffage à l'intérieur. L'idée est de retrouver une ambiance « comme à la maison ». Les marins qui sont venus naviguer à mes côtés sont tous repartis convaincus par mon système de chauffage. Y compris les durs au mal, les plus réticents, comme Bernard Stamm. Quand on a couru la Barcelona World Race[1] ensemble, je lui ai dit : « Il y a un truc sur lequel je ne transigerai pas : c'est le chauffage. » Un jour il m'appelle : « Dis donc, à combien de degrés ça sort du tuyau ? Je voudrais mettre un système

1. Tour du monde en double.

comme le tien dans le bateau de Francis [Joyon[1]]. » Il y a deux types, « des durs de chez durs », Bernard Stamm et Francis Joyon, à qui j'ai réussi à faire accepter une certaine idée du confort… Il faut se souvenir que Bernard Stamm a couru une étape du tour du monde avec escales dans le Grand Sud[2] en tricot de peau. Son équipe avait oublié d'embarquer ses vestes polaires ! Pendant des jours et des jours, dans un bateau transformé en frigo, Bernard remontait la chaîne de l'ancre pour ne pas s'engourdir. Puis soulevait l'ancre, comme un haltère, pour ne pas mourir de froid. Et je ne sais toujours pas comment il a fait pour tenir… Une course qu'il a ensuite gagnée !

Des plats préparés représentent plus de soixante kilos. Contre vingt en lyophilisé. Courir, c'est pourtant aussi lutter contre le poids ?

Mais d'un autre côté, tu as besoin de flotte pour les préparer, les lyophilisés. Les conserves, tu peux les matosser[3]. Un problème du dessalinisateur à bord peut devenir critique. Ton sachet de poudre est alors impossible à diluer. Et manger de la poussière, non merci !

Donc entre les deux, mon cœur ne balance pas : les conserves ! C'est à la fois du plaisir, de la sécurité et de l'efficacité. Je crois que Kevin [Escoffier] a bien aimé ses « vacances à la maison », lui qui n'avait plus de « maison ». Et plus d'outil de travail non plus. Il était en quelque sorte en congés forcés. Bon, je plaisante, mais ç'a été cinq jours

1. Trophée Jules Verne.
2. Velux Ocean Race 2007.
3. Action qui consiste à équilibrer le poids à bord.

de conversations passionnantes. Sans compter qu'il a fait honneur à ma cuisine.

Lorsque tu le récupères en mer, tu découvres alors un coureur, un homme ? Et un gros mangeur...

D'abord il vient d'un univers différent du mien. De la Volvo Ocean Race[1] et des grands multicoques. C'est la première fois qu'il faisait du solitaire à l'occasion du Vendée. Sans parler de son profil d'ingénieur. On a pas mal parlé. Et puis Kevin adore parler. Ah, bon sang ! Qu'est-ce qu'il parle ! (Il rit.) Son approche du métier, des risques est vraiment intelligente. On a parlé de la recherche, de la vitesse, des bateaux standardisés.

C'est un type qui réfléchit, serein. Il va vite. C'est un vrai technicien. Et c'est aussi ça qui a rendu ces jours, au fond… agréables. C'est aussi un gros bosseur. Qu'il faut écouter. Tout comme Armel [Le Cléac'h], un type sincèrement honnête. Il faut les écouter. Je suis ici l'ancien. Kevin peut être la relève. C'est ce que je me suis dit quand il a été transféré à bord du *Nivôse*[2]. On avait passé cinq jours ensemble. Un mec qui cumule deux qualités rares : honnêteté et compétence. Sans compter son côté chaleureux. Une découverte formidable. L'idée serait qu'il raconte à son tour ces quelques jours. Le naufrage en lui-même a été raconté cent cinquante fois. Je ne vois pas l'intérêt d'y revenir une cent cinquante et unième. C'est l'acte II, celui de la vie commune, qui est le cœur du récit. Quelle

1. Tour du monde en équipage avec escales sur monotype.
2. Bateau de la Marine nationale dépéché pour le transfert de Kevin Escoffier.

est l'image qu'il avait de moi avant ? L'image qu'il a eue pendant ces cinq jours ? S'il avait un avis tranché, comment a-t-il évolué ? Ou pas ? De quelle manière ? Sûrement plus passionnant à lire que le film du sauvetage.

Vous étiez proches avant le naufrage ?

Non. Mais je connaissais son travail et son parcours. J'avais le souvenir de lui garant un jour sa bagnole en me saluant : « Salut Jean, comment ça va ? » On fait plus intime, comme relations. Ce que je veux dire, c'est à quel point les gens ne se rendent pas compte de l'absence de proximité qu'ont les coureurs entre eux lors de la préparation d'une course comme le Vendée. Nous sommes tellement accaparés qu'on pourrait être de parfaits étrangers. Nous sommes tous comme le hamster dans la cage à essayer de rattraper le temps perdu en répétant : « Peux pas, j'suis à la bourre… » Son projet, avec *PRB*, m'est apparu dès le début comme un projet raisonnable. Avec des foils raisonnables.

*Mais est-ce que vous avez ri à bord d'*Hubert, *ton bateau ?*

Beaucoup ! Et le plus incroyable, une fois à bord, trois jours plus tard, je lui dis : « Mais… mais ton père, c'est Frank-Yves ? » Son père, je l'avais entraîné pour un défi des ports de pêche il y a presque trente ans[1]. Je me suis dit, en portant la main au front : « Mais Jean, c'est bien sûr ! » Kevin a éclaté de rire. Et puis les Escoffier, à Saint-Malo, il y en a un certain nombre… (Rires.)

1. Frank-Yves Escoffier est un ancien marin pêcheur et coureur au large, triple vainqueur de la Route du Rhum en multicoque.

Mais surtout, ce qui était dingue, c'est qu'à chaque classement qui tombait, *Hubert* était le plus rapide. Kevin n'en revenait pas. Le voilà sur mon « vieux truc » qui avale les milles. On regardait les classements toutes les quatre heures. En vitesse, à chaque fois on était *a minima* dans les trois premiers, sinon les plus rapides.

À un moment, il me dit : « Putain, mais ton bateau, là, il accélère comme un foiler et on n'est même pas ballasté à fond… » Ça le bluffait. Je lui dis : « Mais comment tu veux être ballasté à fond ? » Je voulais faire une route « sécuritaire » et je ne voulais pas mettre d'efforts sur le bateau, même si je devais perdre en vitesse. Je m'étais fixé une configuration de prudence. Et là, il voit qu'on tartine comme des malades. (Rires.) Sur un bateau aux formes anciennes, grâce à des centres de gravité et de poussées différents. Il les découvre. Mais il ne sait pas où j'ai précisément placé mes ballasts. Il ne connaît pas tous mes systèmes…

On dirait que tu répugnes à raconter ces cinq jours où vous étiez trois à bord : Hubert *(le nom de ton bateau), Kevin et toi ?*

C'était une parenthèse. Un épilogue heureux mais brûlant. Kevin m'a dit en me quittant qu'il était « dans une bonne maison ». Il était très triste d'avoir abandonné son bateau. C'était vraiment dur à vivre. Il avait récupéré le bateau de Vincent [Riou]. Kevin m'avait doublé la veille de son naufrage pour prendre la troisième position. Et crac, il se casse en deux : boum ! Quand la direction de course me contacte, la première chose que je me dis : « Mais qu'est-ce que je vais retrouver au point où on me demande d'aller ? Je ne sais pas ce que je vais trouver… » Et puis je me disais en y allant : « Bah, je vais peut-être le trouver… » Qu'est-ce que j'allais trouver au juste ? Un bateau complètement pété avec Kevin à l'envers ? Le bateau avec Kevin sur la coque, comme ça m'était arrivé en janvier 2009, dans l'ouest du cap Horn, quand j'ai perdu ma quille ? Toutes ces questions ne m'ont pas quitté en chemin.

Puis, d'un coup, le radeau ! Avec Kevin dedans ! Un radeau à cette échelle, c'est un confetti dans une piscine olympique. Et le voilà à bord.

Il était comme un espion dans la place ?

(Il rit.) Mais alors comme un espion qui aurait tout le temps faim ! La situation est inédite. Plutôt comme un intrus qui sonne à deux heures du matin, avec un petit creux, et qui te demanderait où tu as rangé le sel. Placard de gauche ? Et qui te voit derrière tes fourneaux pendant cinq jours. Observant comment tu cuisines, notant tes recettes, ton tour de main, les temps de cuisson. Dans la plus grande compétition de cuisine au monde. Un niveau au-dessus de Top Chef. Plus parlant, comme un transfuge en pleine saison d'un des meilleurs ingénieurs de Ferrari, qui entrerait avec une clé USB dans la « *war room* » de Mercedes où sont traités les data de la saison. Table ouverte ! Sans compter les ris de veau qu'il m'a boulottés… Un moment exceptionnel. Du jamais-vu. Inoubliable.

À la vérité je m'en fous un peu, de la confidentialité et des secrets. Mon bateau a douze ans. Le cas intéressant, et autrement plus délicat en termes de confidentialité, aurait été une mise en scène dans laquelle Jérémie Beyou sur

Charal, en détresse, aurait été récupéré par Alex Thompson sur *Hugo Boss*. Ou alors l'inverse. Deux très gros budgets avec des règles de confidentialité dignes de l'industrie aéronautique. Imagine le huis clos ! Une chose de certaine : il n'y aurait pas eu de ris de veau au menu ! (Rires.)

As-tu imaginé le portrait que Kevin ferait de toi aujourd'hui ? Après ce huis clos ?

Je ne parle pas facilement de moi. Lui, je crois, non plus. Quand tu veux savoir quelque chose sur un homme, tu vas demander à sa femme. Pour le moment, Kevin a une énorme dette envers moi. Il me doit un restaurant. (Il rit.)

6

Les yeux ouverts sur le monde

« Le seul à bord qui n'a pas peur,
c'est le pilote automatique »

Tu as souvent dit, avec pas mal d'autodérision, qu'il y avait des vieux cons, des jeunes cons, et que « ces histoires de cons n'avaient pas d'âge ». À qui s'adressait cette phrase ?

À notre histoire. À nos erreurs. À cette manière de dire, aussi : c'était mieux avant. Mais derrière ces qualificatifs qui sont au fond affectueux, il y a toujours cette notion que j'appelle le « palier de sagesse ». Qui est valable pour tous les sports mécaniques. Tout simplement parce que les progrès dans notre sport ont été tellement fulgurants en trente ans ! Peut-être est-on allés trop vite, trop loin ? Je pense qu'il nous faut « un temps calme », comme on dit aux enfants à l'école après un gros chahut.

La question qui nous préoccupe tous : qu'est-ce qu'on imagine comme bateaux dans dix, quinze ans ? C'est précisément ça qui est intéressant : envisager l'avenir. En se fondant sur trois piliers : d'où on vient ? où on est ? où on va ?

Ce sont des réflexions essentielles. J'ai toujours, et jamais loin des yeux, cette maxime glissée sous verre, accrochée au mur de la pièce dans laquelle nous nous trouvons en ce moment : « Il y a dans la vie deux catégories d'individus : ceux qui regardent le monde tel qu'il est, et se demandent pourquoi. Et ceux qui imaginent le monde tel qu'il devrait être, et se disent pourquoi pas. » Cette maxime dit qui je suis. Elle me résume. On a tendance parfois à me faire passer pour un type du passé parce que je ne sauterais pas à pieds joints dans les dernières innovations. Il n'y a rien de plus faux ! Je navigue avec mon temps. Pour ce Vendée, j'ai investi une belle somme dans une centrale inertielle[1] sur le bateau, le truc dont je rêvais déjà depuis longtemps. Ce sont des technologies éprouvées. Tu vois bien que j'embrasse mon époque…

Tu as souvent mis en avant que l'échec peut être un moyen de progresser…

À condition de le comprendre ! Parfois, notre ego nous empêche d'en prendre la mesure. Surtout que, statistiquement, la probabilité de victoire est faible. Il m'a fallu seize participations au *Figaro* pour en remporter trois. Le ratio n'est pas si mauvais. Sur des bateaux, au début, qui n'étaient pas tous monotypes. Ce n'est qu'à partir de *Figaro* identiques (*Figaro* 1 sur douze saisons) que j'ai commencé à engranger les victoires (dix au total). Et que le surnom de Roi Jean s'est imposé.

1. Un capteur qui mesure, en plus du cap, l'accélération, la vitesse de giration, le tangage et le roulis, afin de fournir à la centrale, à haute fréquence, vingt-cinq fois par seconde, des données de réaction du bateau.

Le 6 décembre 2020, le bateau de Jean Le Cam photographié dans l'océan Indien par la Marine nationale après le sauvetage de Kevin Escoffier.

L’arrivée dans la nuit du 29 janvier 2021 et les retrouvailles avec Kevin Escoffier (en bas à droite).

PRB
YES
WE
CAM
WWF
PRB

L'arrivée du dernier Vendée Globe aux Sables-d'Olonne le 29 janvier 2021 du Roi Jean.

Avec Jean-Louis Le Touzet et Dino Di Meo.

YES
WE
CAM

En 2001 à bord de *Bonduelle*.

Jean Le Cam effectue son service militaire dans l'équipage d'Éric Tabarly sur *Pen Duick VI* avec lequel il préparait la Whitbread (en haut).

La marraine, là pour tous les baptêmes, Jacqueline Tabarly (en bas).

Avec Vincent Riou, vainqueurs de la Transat Jacques Vabre, à l'arrivée au Brésil en novembre 2013.

Avec Florence Arthaud devant leur monocoque *Guy Cotten-Chattawak*.

Avec Bernard Stamm à l'arrivée de la Barcelona World Race en mars 2015.

Avec Karine Fauconnier en 1999.

En novembre 2005 sur *Bonduelle* avec Kito de Pavant pour la Transat Jacques Vabre.

Bonduelle
50

Transat Jacques Vabre en 2007 avec Gildas Morvan.

MATÉRIAUX
Sodeb'O
118
118

À l'arrivée du Vendée Globe en 2013 avec ses peluches (5e de l'édition).
Avec Anne, sa femme (en bas à droite).

SynerCiel
iridium

SynerCiel

SynerCiel

Quels seraient justement les facteurs « limitants » à la victoire... Roi Jean ?

Parfois la survitesse. Tu te casses la gueule parce que tu es dans une instabilité, soit technique, soit structurelle, soit humaine. Aujourd'hui, tout comme hier, un facteur limitant, c'est quand la machine dépasse l'homme. Rien de neuf sous le soleil, tu me diras... Les bateaux à dérives étaient et sont aussi des bateaux compliqués. Ils semblent simples à côté des foilers. Mais ne pas oublier que les bateaux à dérives, comme *Hubert*, en termes de fabrication, sont le high-tech de l'imprégné, un procédé de fabrication dont on fait par exemple les pièces dans l'aviation commerciale. Les mâts sont faits en autoclave. On a des ballasts, il faut les remplir, les vider, avec des systèmes compliqués. On a une quille qui bascule de 30 degrés ou 40 degrés d'un bord à l'autre avec des vérins hydrauliques qui peuvent être source d'emmerdements. On avait des dérives, mais comme on n'en avait pas assez, on a... mis des foils. (Il rit.) Ce qui a révolutionné le monde du large est surtout la maîtrise des procédés de fabrication des bateaux.

L'histoire du sponsoring s'est souvent construite sur l'innovation portée par une personnalité qui a un projet structuré. Mais aussi, me semble-t-il, sur une part de rêve. Pour autant, les sponsors sont-ils toujours prêts à accepter de tels projets dans une période plus frileuse ou plus indécise économiquement ?

J'en suis convaincu. Les sponsors sont des gens concrets qui veulent aussi rêver par procuration. Puis de quels rêves parle-t-on ? La Coupe de l'America en est un.

Nul besoin de retour sur investissement. La Coupe est une bagarre entre bouées, et est parrainée par des groupes mondiaux ou d'immenses fortunes, comme les familles Bertarelli, Ellison, Prada. C'est une bataille d'images à l'échelle mondiale. Pour certaines fortunes, c'est presque du mécénat.

Le cadre de la course au large n'est pas du tout le même. Les sommes, les enjeux, l'histoire, tout est différent. Grâce à la recherche, à l'intelligence de l'homme et aux foils, ces bateaux de la Coupe peuvent atteindre quatre fois la vitesse du vent. Le foil est une invention ancienne, qui a vu le jour sur des bateaux à moteur, sur les lacs italiens, il y a plus d'un siècle. Une invention plus contemporaine aussi, quand les bateaux passagers ralliaient le continent pour aller à Ouessant. Mais dès que la mer est en mer, et que les vagues sont les vagues, le « fonctionnement » est alors altéré. Aller vite, oui. Mais sur une surface plane.

On a le sentiment que le slogan « Yes We Cam ! » serait devenu une marque au fil des éditions du Vendée ?

Si c'est une marque, on pourrait dire que le rapport qualité/prix du Vendée Globe est plutôt dans la fourchette haute. (Il rit.) Et que l'image du Crédit Agricole du Finistère, pour ne citer qu'elle, associée à notre histoire, a dépassé les frontières régionales. Ici aussi il nous a fallu un « temps calme ». Ça veut dire reposer les esprits, partager dans tous les domaines notre expérience du Vendée, du préparateur du bateau aux sponsors. C'est ce qu'on a fait en prenant du temps pour chacun. Sans acteurs économiques, pas de projet. Nous leur avons soumis nos « chemins de traverse ». Ils sont fortement intéressés. Il faut prendre le temps d'argumenter, de s'affranchir des pensées dominantes et de se désintoxiquer. J'aime bien cette formule : j'ai écrit quelque chose de tellement intelligent que je n'arrive même pas à me relire. Cette phrase est valable pour toutes les innovations car nous tâtonnons tous. Et pas que pour les foils ! Et encore une fois, c'est une invention extraordinaire. Fouiller les voies des scows, par exemple, c'est aussi fouiller un patrimoine maritime. Et le maître mot pour séduire un sponsor, c'est réalisme. Jamais on ne leur a promis de décrocher la lune.

À ce propos, les multicoques Orma, ces superbes trimarans de 18 mètres, ne l'étaient pas, « réalistes » ?

Ils étaient pleins de promesses ! Des bateaux formidables mais avec des complexités inouïes pour l'époque : mâts basculants, foils. Je me souviens de Loïck [Peyron] et de son premier mât basculant sur *Fuji*. Toutes les innovations technologiques nous ont séduits à la fin des années 1990 : « Ça y est ! Une période d'avenir s'ouvre, c'est génial ! » Mais au regard de ces complexités, certains se sont quand même dit : « Est-ce que je vais être capable de naviguer en solo sur une traversée de l'Atlantique, par exemple ? » Certains l'ont fait. D'autres pas. Loïck [Peyron], par exemple, a remporté deux fois la Transat anglaise en Orma.

Mais la Route du Rhum 2002, en décimant la flotte, a sonné le glas de cette classe de bateaux. Cela dit, ça sentait quand même le roussi dès les saisons précédentes… Quand les bateaux ont commencé à dépasser l'homme, encore une fois. Il n'y avait plus à la fin du circuit que *Groupama* (Franck Cammas), qui était largement au-dessus de tout le monde. En gros, soit il était au-dessus de tout le monde… soit il chavirait. Mais on s'en est bien sortis encore une fois. Que de la casse de bateaux. Les hommes en ont parfois réchappé de justesse…

Donc il y avait, pour se remettre dans le contexte, disons entre 1992-2004, Loïck Peyron sur Fuji, *et Franck Cammas sur* Groupama *?*

Pas seulement ! Il y avait là Karine Fauconnier sur *Tacchini* ; Jean-Luc Nélias sur *Belgacom* ; Francis Joyon sur *Banque Populaire* ; Alain Gauthier avec *Foncia* ; Marc Guillemot sur *La Trinitaine* ; Michel Desjoyeaux sur *Géant* ; Thomas Coville sur *Sodebo*. Laurent Bourgnon fut un pionnier ; Florence Arthaud aussi. Et puis moi, sur le trimaran *Bonduelle*. Une histoire qui a duré quatre ans en Orma. Ces bateaux avaient intégré un circuit de grands prix en équipage et des courses off shore (Route du Rhum, Transat anglaise). Puis l'homme est devenu petit à petit prisonnier de la technique. C'est presque l'histoire de notre sport. Surtout comprendre qu'il n'était plus capable de réagir assez rapidement pour gérer les situations de vent à bord de ces bateaux légers et volages, situations qui devenaient de plus en plus délicates et à certains moments impossibles.

Donc ça sous-entendait : avoir une assistance qui puisse réagir rapidement pour choquer les écoutes. D'ailleurs, certains systèmes ont été mis au point dans ce cadre. Aujourd'hui, grâce aux nouvelles centrales inertielles, issues des travaux de recherche en intelligence artificielle, on pourrait mieux gérer ce type de situation.

Un exemple ?

Imagine que tu roules sur l'autoroute à 130 à l'heure. Et soudain, à la suite d'un facteur que tu ne maîtrises pas, la voiture accélère en cinq secondes pour monter à 220 à l'heure. Comme le ferait une voiture électrique. Les trimarans Orma, c'était un peu ça en solo. Le temps que tu réagisses, que tu comprennes ce facteur « extérieur » qui te tombe dessus, le temps de réaction du marin est dépassé. Et le bateau est… sur le toit. Avec le recours à l'intelligence artificielle, ces problèmes auraient été en partie résolus. Mais nous étions à peine entrés dans le nouveau millénaire… On balbutiait. On tâtonnait.

Certains acteurs de l'époque ont parfois une nostalgie de ces bateaux splendides, mais extrêmement volages. Tu ne sembles pas partager cette nostalgie…

C'était une époque formidable… pour ceux qui n'étaient pas sur ces bateaux. Mais ce constat, nous l'avons fait rétrospectivement. Quand j'ai évoqué ces problèmes certains ronchonnaient : « Bah, t'es qu'un poltron ».

Dans les réunions, entre nous, la notion de trouille revenait pourtant. Il faut se souvenir du départ de la Route du Rhum 2002 et de notre boule au ventre. Jean-Luc Nélias, un mec qui n'a jamais eu sa langue dans la poche, avait lâché cette phrase : « Ça va être pantalon marron. » Et puis la mer a nettoyé cette histoire. Souviens-toi de la catastrophe de la Roya en octobre 2020, dans cette vallée des Alpes maritimes. La puissance de l'eau ! Les dégâts qu'elle peut faire. Une puissance terrible. C'est ce que nous avons vécu lors de cette édition du Rhum.

Sentiment que tu as aussi éprouvé lors de tes chavirages. Et notamment sur cette Route du Rhum 2002 ?

Le seul qui n'a jamais peur, c'est le pilote automatique. Les données qu'il analyse le laissent froid. (Rires.) Il regarde droit devant. Or nous, sur un Vendée Globe, par exemple, on regarde tout le temps derrière, le sillage. Notre sport est celui de la tête tournée vers l'arrière quatre-vingt-dix pour cent du temps. Celui qui viendrait d'un univers différent du mien aurait cette réflexion immédiate et au fond compréhensible : « Mais enfin, pourquoi vous ne regardez jamais devant ? » Je lui répondrais : « Hum, je ne suis pas sûr qu'il faille regarder devant, parce que devant bien des situations on tournerait tous la tête d'un quart de tour. » C'est certain que pour le réglage des voiles, mieux vaut regarder devant. Quoique, maintenant il y a une caméra qui le fait à notre place. La technologie n'a pas peur. Et je me félicite de ce progrès. On peut tenir l'épouvante un peu plus à distance.

Quel intérêt de voir le sillage ?

Tout simplement parce que c'est le seul endroit où tu peux regarder la mer ! Et parce que le bateau est souvent emballé dans des conditions extrêmes. À nouveau la fameuse vague…

Regarder la barre et les mouvements du pilote liés à la barre, c'est essentiel. Ces mouvements apportent des indications. Et puis la lumière est derrière nous. Si tu veux regarder devant tu n'as pas d'horizon. Le seul horizon que tu peux regarder en permanence, assis, tranquille avec une tasse de café, c'est derrière. Devant ? Tu en prends plein la gueule. Le sillage, les bruits sont un indicateur de vitesse. Et de bonne marche, ou pas, du bateau.

J'aimerais en revenir à la peur et aux chavirages. Tu m'as dit un jour : « J'ai eu parfois la trouille mais une seule fois peur, c'était dans le golfe de Gascogne. » De quelle « peur » s'agissait-il ?

J'étais à bord du trimaran *Bonduelle*, justement lors de la Route du Rhum 2002. Nous sommes dix-huit Orma au départ. Ils seront… trois à l'arrivée à Pointe-à-Pitre. Le temps était dégueulasse et l'ambiance angoissante au départ de Saint-Malo. J'ai d'abord percuté dans le noir le trimaran retourné de Franck Cammas, *Groupama*, lors de la première nuit de course au large de l'île de Batz. Je vois un type avec une lampe sur un flotteur : Franck[1] ! Je rallie ensuite Camaret, sur la pointe du Finistère, pour réparer le flotteur tribord. Puis je repars. Le temps est toujours dégueulasse, une mer pas possible. Mes bras de liaison se cassent dans le golfe de Gascogne, dans la queue de la dépression. Qu'est-ce qui va se passer ? Est-ce que le bateau va se détruire complètement ? Il n'était plus manœuvrant. J'alerte mon équipe qui descend à Porto et affrète un remorqueur. Je rentre en remorque et le mât est toujours debout. Situation un peu scabreuse, pour le moins…

Scabreuse !?

Oui, au-delà du scabreux, super-scabreux, voire hyper-scabreux, même… Un sentiment de peur. La peur naît de

1. Qui sera récupéré dans la nuit par son équipe.

l'absence de solution. Le bateau était sur le point de se disloquer. Mon naufrage dans le Vendée 2009 était différent et ne m'a pas traumatisé. J'étais à l'ouest du cap Horn. J'ai senti un truc bizarre, un choc. Je pense alors que j'ai heurté quelque chose, sans doute un conteneur flottant entre deux eaux. Et j'ai tout de suite envisagé le gros problème. Le bateau s'est couché doucement. J'ai enfilé ma TPS[1]. Je maîtrisais le futur immédiat : balises déclenchées. Les protocoles, nous les connaissons. On les a déjà répétés dans des exercices « à blanc ». Je les ai appliqués. Mon ennemi, c'était d'abord le froid. L'eau est à 5-7 °C. Je savais que j'étais dans un espace très confiné. Mon autre problème était de savoir si j'allais avoir assez d'air dans l'étrave, le bateau prenait beaucoup d'eau. J'avais chaviré en 1989 avec Éric [Tabarly] sur *Bottin* lors de la course Lorient-Saint-Barthélemy-Lorient. On était chacun sur une coque du trimaran… à attendre un cargo. En 2009, au cap Horn, j'ai cherché un bout[2] pour m'amarrer au safran une fois dehors, pour ne pas être balayé par les vagues. On avait fait la même chose avec Éric en 1989. Je suis sorti par la trappe de sécurité, les pieds devant, en profitant d'une vague. Vincent [Riou] était là. Au bout de la quatrième tentative j'étais à bord de *PRB*. Fin de l'histoire.

1. Combinaison de survie.
2. Cordage.

7

Du réalisme appliqué à la connaissance scientifique

« En inventant la vitesse, on a inventé l'accident »

J'aimerais aborder la question de la transmission. Penses-tu être un « transmetteur », ce qui ne m'avait pas particulièrement sauté aux yeux ? Tu confirmes ?

En tout cas, plus que par le passé ! Parfois il y a une réticence à transmettre, considérant qu'on va livrer tout cuit un savoir qui pourrait être utilisé ensuite contre soi. Ici, il s'agit en fait de la manière dont se fabrique la performance. Être un livre ouvert suppose que celui qui est avec toi sache aussi lire, déchiffrer. Et ce n'est pas toujours le cas.

Je préférerais parler d'échange, comme dans une longue conversation. Et, pourquoi pas, d'aide mutuelle à la lecture dans un premier temps, pour voir si on arrive à parler la même langue. L'échange suppose une relation professionnelle dans laquelle l'autre va, dans un deuxième temps, m'apprendre en retour ; m'enrichir, et peut-être me faire douter aussi.

Et quel que soit l'âge, parce que, si transmission il y a, elle peut se faire aussi d'un coureur plus jeune vers… un plus âgé. C'est pourquoi je préfère l'échange, c'est horizontal. La verticalité n'est pas appropriée : tu peux apprendre énormément aussi des plus jeunes. Ç'a été mon cas avec Damien Seguin et Kevin Escoffier. En revanche, l'échange suppose que tu ne vas pas te servir dans les rayons, comme au supermarché. Une fois que le marché est fait, il ne faut pas faire la moue à la caisse : « Ah ça, non, ben finalement je ne vais pas le prendre. » Et le remettre en rayon. Ça, je n'aime pas. Mais pas du tout. (Silence.)

Quand tu vieillis, tu gagnes en expérience, en métier. C'est une lapalissade. Un jeune coureur, lui, va surtout réfléchir différemment. Ses connaissances sont toujours en mouvement, activées par d'autres antennes que les miennes. Il va aussi, si c'est un bon, penser contre lui-même. S'interroger. M'interroger. Me mettre peut-être en difficulté, qui sait ? Il va en tout cas explorer d'autres moyens de progresser. L'expérience, c'est de la confiance en soi. Et cette confiance doit être réciproque. Une fois posé ce socle, on peut alors bâtir un échange complet qui peut être extraordinaire.

Mais je ne veux pas être le robinet et l'autre l'éponge qui va tout absorber. Ça ne fonctionne pas. C'est comme un couple. Je suis admiratif de ce que tu sais faire et moi je te surprends toujours. Je suis là où tu ne m'attendais pas. Je ne détiens aucune vérité. Je n'ai que de l'expérience, et certaines habitudes : je sais que ça, par exemple, ça marche. Et que cette idée-là, il ne faut surtout pas la mettre en pratique : ça ne marche pas.

Mais chaque fois que tu préviens l'autre d'un éventuel piège, si petit soit-il, si invisible soit-il, tu prends le risque de livrer à l'autre une recette du succès. Micro-recette, certes, mais recette tout de même. Il faut bien réfléchir à qui sera ton binôme dans le cadre d'un échange. Un bateau, c'est une somme considérable de détails invisibles à l'œil nu pour le profane. Et parfois aussi pour le professionnel.

Un filetage qui fait défaut sur une batterie ? Faute d'avoir appliqué une colle spéciale, l'écrou lâche soudainement sous les milliers de micro-chocs en mer et va provoquer une catastrophe. Donc plus d'énergie, et donc plus de pilotes. Le bateau va partir en vrac. Tout ça à cause d'un écrou à cinq euros. Ça m'est déjà arrivé. (Silence.) La voile, c'est de belles trajectoires, des foils à 600 0000 euros la paire, des mâts en carbone, mais aussi des écrous à cinq euros qui se dévissent et qui peuvent te pousser à l'abandon.

Si je suis tour-du-mondiste je suis aussi l'homme des écrous, des vis et du tournevis. Nécessairement, les types qui sont à mes côtés sur le chantier, voyant de quelle manière je traite les dossiers, techniques tout au moins, ont intégré mon côté appliqué. Et totalement tatillon.

Mais maritimement parlant, cette transmission, comment s'opérerait-elle ?

J'y viens. Dans un futur proche il serait précieux d'avoir un regard neuf, une expertise extérieure qui aurait une vue plongeante sur les projets que nous montons. Peut-être pourrions-nous sortir deux ou trois bateaux – nos nouveaux scows, mais sans foils – pour les premières navigations l'an prochain. Un entraîneur, référent course au large, nous ferait considérablement progresser. Je mets de côté les manœuvres, les empannages, la vie à bord, la cuisine, etc., tous les détails qui sont absolument essentiels à la performance sur une épreuve d'au moins quatre-vingts jours. Et que je maîtrise.

Une personnalité qui fait autorité, avec une grosse expérience maritime, qui prendrait d'abord des notes, comme un analyste de nos navigations. Sachant que je suis assez bordélique, ça sera un progrès considérable. En fait, je ne suis pas un mec tellement organisé, et de pouvoir réunir des data, des synthèses écrites, serait pour nous, pour moi, une considérable plus-value.

Cet entraîneur je l'ai déjà en tête. Sera-t-il libre ? intéressé ? Si ce projet de nouveau bateau, que j'aimerais mettre à l'eau avant la Route du Rhum 2022, est sur de bons rails, nous devrions alors fonctionner de la sorte.

Et puis les fournisseurs. Il y en a d'excellents. Ça aussi fait partie de la transmission du savoir maritime. Dans un projet comme celui-là, ma légitimité permet de gagner un temps précieux et surtout d'ouvrir des portes, y compris dans la recherche de techniques et de spécialistes qui nous font encore pour le moment défaut. De même qu'en sollicitant un architecte, un maître voilier, voire des fournisseurs, ces derniers auront en face d'eux un technicien, et pas simplement un coureur. Et je ne les imagine pas un instant me vendre la messe en breton – façon de dire que les fables, avec moi, ça ne passe pas.

Au fond, si je me dis qu'il y a un atout dans le fait d'être un peu célèbre, c'est bien uniquement celui-là. Naturellement, l'éternelle inconnue, c'est le financement. Et c'est encore plus frustrant d'avoir une ligne claire sans avoir les moyens de la mettre en œuvre. C'est au fond toujours l'éternelle question de la voile.

J'ai toujours mis en avant l'adage « Mieux vaut être copié que de copier ». Ma vie pourrait presque d'ailleurs se résumer à cette phrase. Et par ailleurs, d'expérience, je sais que c'est peine perdue de vouloir cacher ses propres projets. C'est une perte d'énergie préjudiciable, car la confidentialité est toujours, soit relative, soit à un moment éventée, mais pour autant il existe des passerelles entre les coureurs. Jérémie Beyou, par exemple, m'a livré quelques conseils techniques à la fin de l'été 2020 sur ses propres pilotes à bord de *Charal* pour que je puisse gagner du temps dans ma mise au point. C'est vraiment chic de sa part. N'étant pas un concurrent direct, il ne prenait pas non plus un risque majeur : je n'allais pas jouer les premiers rôles. (Sourire.) Mais c'est dire que l'échange existe bel et bien, y compris entre un très gros et un très petit. Ou simplement parce que c'était lui et parce que c'était moi ?

Roi, maître, professeur ? Lequel des trois titres conviendrait ?

Le roi règne (il rit), et c'est le titre qu'on m'a donné. Mais un roi qui conduirait lui-même sa tondeuse. En réalité, aucun des deux autres mots, maître, professeur, ne me définit. Ils sont si éloignés de moi que c'en est presque drôle. Et surtout pas professeur ! Je ne transmets pas un savoir à un élève. Et je donne encore moins des leçons à quiconque. Je veux me placer dans un mode d'échange. Pas dans un monologue. Ni devant un tableau noir. Ce qui est intéressant, c'est toujours la longue conversation. Et je n'ai jamais été dans ce système de professeur-élève. Y compris quand j'étais scolarisé.

C'est Monsieur Henri Desjoyeaux qui nous a pris un jour à part, Hubert [Desjoyeaux] et moi, en nous disant : « Vous vous êtes déjà demandé pourquoi vous êtes si bons, les gars ? Parce que vous n'avez pas été à l'école. » C'est un truc qui m'a marqué. Et lui de continuer : « Parce que vous avez appris par vous-mêmes. » Je ne fais pas le procès de l'école et de l'apprentissage, naturellement, mais ce qui m'a manqué, c'est ce défaut d'application du savoir au réel. J'ai évidemment retenu quelques formules chimiques et physiques du lycée. C'est mon petit bagage à moi, et je les utilise chaque jour. Ainsi, apprendre à faire et… à se tromper. Parce que chaque échec est une victoire. Amère, mais c'est une victoire quand même. Comment en tirer profit ? Essayer de comprendre pourquoi tu t'es trompé, là, précisément. Pourquoi, plus je vieillis, par exemple, plus j'envoie le spi[1] ? S'il y a bien un envoi qui effraie la flotte, c'est le spi : la préparation, l'envoi. Et voilà 380 m^2 de toile qui se gonflent. Maintenant j'empanne[2] sous spi alors qu'il y a huit ans j'affalais… à 18 nœuds. Cette année, je suis monté à 25 nœuds. Gros spi, 25 nœuds, grandes vagues hautes. Là, tu te dis : « Hey, Jean, arrête tes conneries. » (Rires.)

Le léger problème, c'est qu'il faut à un moment affaler. Spi, chaussette, et 28 mètres de drisse qui courent sur le pont. Je choque, la drisse sur le pont, mets mon pied dessus pour la bloquer. Ah, merde, elle m'échappe ! Le spi file avec la chaussette à l'eau. Pour remonter ta connerie ? Une heure et demie. Bateau à l'arrêt. Et mètre

1. « Spi » est en fait l'abréviation de « spinnaker ». Il s'agit d'une voile avant qui ressemble à un parachute ou à une montgolfière. Le spi est utilisé lors d'allures portantes et, contrairement aux autres voiles de l'avant, le spi n'est pas fixé sur l'étai.

2. Virer de bord vent arrière, en faisant passer le vent d'une hanche à l'autre du bateau et la bôme d'un côté à l'autre.

par mètre, un bout de demi-clé sur la chaussette et tu remontes le tout à la colonne de winch. Alors professeur, maître, roi, tout ce que tu veux, ce n'est rien que des mots. La clé : prendre son temps. Et réfléchir plutôt que de te précipiter. Cela dit, j'empanne maintenant à 25 nœuds. Ce que je me refusais à faire il y a encore quatre ans. Mais pas à 30 nœuds, non, pour ne pas risquer de casser des lattes. Faut pas pousser non plus, hein ! Quand je compare ma façon de naviguer entre mon premier Vendée Globe de 2004 et celui de 2021, je ne suis plus le même bonhomme. Je suis plus complet, je crois. Ça peut paraître immodeste de dire ça, mais oui, je suis meilleur marin à soixante et un an qu'à quarante-deux. J'ai l'impression que j'ai gagné en savoir-faire. Oui, c'est ça, meilleur. C'est chouette, non ?

Pour autant, chacun est surtout le mauvais juge de soi-même, non ?

Pas faux. Justement, le solitaire est face à lui-même. Longtemps. Très longtemps. Il a le temps de porter à froid un jugement sur son propre cas. Surtout quand il enchaîne les bêtises… En équipage, l'œil de l'autre – ou des autres – peut juger, alerter, corriger. Mais je n'ai pas fait d'équipage depuis un petit moment.

C'est marrant, dès que je suis en course, je suis moins feignant qu'avant. Je me déplace certainement moins rapidement à la manœuvre, mais finalement ça ne change en rien la performance. C'est certain, je tourne la manivelle peut-être moins vite qu'il y a quatre ans, mais qu'est-ce que ça peut faire, au fond, puisque l'objectif, c'est de faire une manœuvre réussie. Parce qu'une manœuvre réussie est une manœuvre sans souci : retiens bien ça ! Dans une manœuvre ratée, même en tournant la manivelle comme un possédé, tu ne pourras que constater les beaux dégâts. Tout a été foutu en l'air, y compris hook, drisses. Là, tu as gagné le gros lot ! Et ça peut sonner la fin de l'histoire. Chose curieuse, la moitié du tour du monde, je l'ai faite avec des vitesses à la colonne de winch qui sautaient sans cesse, comme une boîte de vitesses qui n'aurait plus de troisième. Au lieu d'avoir six vitesses, je n'en avais plus que trois. Je me suis démerdé avec ces trois vitesses. C'était moins confortable, c'est tout. Et au regard des problèmes auxquels j'étais déjà confronté, me lancer dans le démontage d'une boîte de vitesse : non merci ! Preuve que, même pour un type de soixante et un ans qui ne soulève pas non plus de la fonte tous les jours, continuer à faire ce métier est une sacrée satisfaction. Et surtout de pas trop mal le faire. Enfin, je crois.

Tu vois, je mettrais une bonne note à l'élève Le Cam pour son année scolaire 2020-2021. Avec les félicitations du jury pour sa réparation. C'est tellement rare que je m'autocongratule. (Rire.) La première partie de ma course, qui, je crois, avait de la tenue, a été par la suite occultée par le sauvetage de Kevin. Comme je suis un insatisfait chronique et que je ne vais jamais assez vite, je m'attribue quand même un bouquet à l'arrivée. (Rires.)

Le milieu m'en a offert aussi. Les mots d'Alain Gautier pèsent leur poids. Olivier de Kersauson m'a appelé de Moorea[1] une fois à terre. Un bel éloge du large… à la « Kerso ». On connaît son verbe. Il manie les mots comme moi j'envoie un spi à 25 nœuds maintenant. (Rires.) Très

1. Île de l'Archipel polynésien.

touchant. Tout comme les mots de la mère d'Isabelle Joschke, à l'arrivée, qui m'a remercié d'avoir été à côté de sa fille dans le Sud. Ça l'a rassurée de me savoir pas loin. Je me suis dit : « Bon sang, me voilà transformé en saint-bernard. »

On a entendu souvent claironner que les premiers pouvaient passer sous la barre des soixante-dix jours. Sachant qu'Alex Thomson laissait entendre que soixante-neuf jours étaient un objectif atteignable. Trois semaines avant le départ, nous nous étions vus et tu étais assez dubitatif...

Pourquoi pas une moyenne, alors, théorique, de 18 nœuds ! (Il rit.) Déjà qu'un jour de moins à cette échelle est chose énorme. S'il faut dix jours pour monter les murs d'une maison et que, supposons, tu n'en mettes que neuf, tu te dis : formidable, j'ai gagné un jour sur mon planning. Mais en mer, c'est tout autre chose, car le temps s'écoule différemment. Il dure plus longtemps parce que les journées font vraiment… vingt-quatre heures. Donc vingt-quatre heures de travail, d'écoute du bateau, de réglages, de météo, de petites ou grosses réparations… le tout séquencé par des micro-siestes. Mais c'est toujours quand même vingt-quatre heures de tension physique, morale, intellectuelle, et toujours cette question lancinante : où j'ai raté ? qu'est-ce que je fais là ? pourquoi trucmuche est devant ? Le temps est donc plus dense en mer et s'étire comme un morceau de guimauve. Donc mettre quatre-vingt-dix-neuf jours au lieu de cent, par exemple, c'est aussi une tout autre victoire sur le temps, une autre dimension. Alors, qu'on évoque soixante-neuf au lieu de soixante-quatorze jours[1] et on passe dans une autre compression du temps. Un simple jour de gagné devient une victoire. Et que dira-t-on alors de six ? Au fond, je ne sais pas si le public accorde une importance majeure à la compression du temps. Je me mets à sa place : je m'en foutrais complètement. Soixante-dix ou quatre-vingts jours ? Là n'est pas la dimension du Vendée Globe.

Et elle se situerait précisément où, la dimension du Vendée Globe ?

Dans le récit profondément humain qu'en font les acteurs et dans lequel l'individu est une petite chose fragile face à la puissance de la mer. Un bon film, c'est surtout un bon scénario. Le film de 2021 était basé sur un scénario impossible et il a emporté l'adhésion du public. Pour ce dernier, la nécessité de boucler le Vendée le plus vite possible n'a que peu d'intérêt, à l'exception… des professionnels de la profession.

Le sujet, c'est d'être dans le temps long, puisqu'il s'agit de faire le tour du monde en donnant l'impression qu'on peut raconter une histoire à un public immobile, encore plus avec la pandémie et le confinement. Le tout à travers des événements qui nous dépassent, mais dans lesquels on tente chaque jour de repousser ou de réduire la part de hasard.

Ce qui explique certainement cette identification avec ce que j'ai fait : un « vieux », sur un vieux bateau, qui ne parle pas de technique, mais de sa vie, tantôt faite de courtes

1. Record détenu par Armel Le Cléac'h.

joies mais surtout de longs moments de misère, d'ailleurs longtemps cachés.

Il y a une chose à laquelle je tiens plus que tout, et qui me définit : je suis à la fois un compétiteur, un artisan qui doit faire tourner son chantier de cinq personnes et un constructeur, mais aussi un type comme tout le monde, à qui il arrive parfois de craquer parce qu'il voit qu'il a tout fait pour y arriver et que les éléments en ont décidé autrement.

Et c'est sans doute ce qui a ému les gens, toutes générations confondues. Comme je l'ai été par l'émotion des gens en retour. J'ai embrassé le métier de coureur à dix-huit ans et maintenant j'embrasse les gens qui m'embrassent. On appelle ça l'amour. (Il sourit.)

On en revient sans cesse à cette idée d'aller toujours plus vite sur l'eau. Et on fait quoi avec cette vitesse, ces records ? Je pense que les gens ont presque dû ressentir une forme de frustration quand le rideau du Vendée est tombé. Comme un manque quand la pièce est bonne et qu'on voudrait un acte supplémentaire, tellement les acteurs se sont dépassés.

Ne pas négliger que ce paramètre-là, du temps gagné, demande une technicité validée par l'expérience, donc aussi par l'échec, mais qu'il faut mettre aussi en balance avec plus d'argent, plus de finance, plus de recherche de partenaires, de communication. C'est notre lot à tous…

Certains observateurs ont eu l'impression que tu remettais en question la notion de progrès. Y compris la pertinence des foils ?

Jamais de la vie ! C'est encore un énorme malentendu ! Je mets un « mais » à la notion de progrès, c'est tout. Je défends un réalisme appliqué à la connaissance scientifique.

La course au large est un écosystème dans lequel je me suis construit et qui me fait vivre, pas toujours confortablement d'ailleurs. Je ne vais ni me plaindre, ni cracher dans la soupe, ni mordre la main qui me nourrit, ou qui m'a nourri.

Mais je redoute depuis déjà un bon moment une fuite en avant des budgets qui déséquilibrerait une économie. On assiste depuis huit ans à un écart de plus en plus grand entre les petites écuries et les grosses. Ces écarts ont toujours existé, je ne découvre pas que la Terre est ronde. Mais, disons, que jamais un écart n'a été aussi important que sur cette édition 2020-2021. En disant cela, je me suis pris quelques retours de bâton.

Mais si je ne dis pas ce que je pense, hein, qui va le faire ? J'ai ouvert ma gueule en conférence de presse à l'arrivée parce qu'il m'a semblé qu'une jeune génération super talentueuse, déjà parfois dans le métier et voyant les budgets exploser, pouvait se dire à bon droit : « C'est pas pour moi, le Vendée. Trop cher. » Ma réflexion s'arrêtait là. Et en même temps, quand je dis ça, je n'écarte pas l'idée de sport de haut niveau qu'est la voile hauturière, qui est d'abord un sport mécanique. Donc implique évidemment de lutter contre le temps et de profiter de l'accélération de la technologie pour lutter contre la montre. Mais on va me rétorquer : « Hey, Jean, tu ne serais pas un peu aigri, des fois ? Tu ne vois pas les progrès, hein ? »

Ben justement si, je les vois, comme un éléphant au milieu de la pièce. Et les surcoûts aussi, y compris en termes de risques et d'assurance. Ce Vendée Globe a été paradoxal. À savoir que jamais les bateaux neufs n'ont pu aller aussi potentiellement vite sur l'eau que cette année : des vrais dragsters. Mais trop souvent entre Belle-Île et Groix. C'était magnifique. Et pour autant le record n'a pas été battu. Ne pas avoir égalé le temps réalisé par Armel Le Cléac'h, soixante-quatorze jours, c'est juste un fait irréfutable. Six jours, tu te rends compte ? C'est 9 % du temps en plus !

Il y aurait donc eu une recette Le Cam sur ce Vendée ?

Tu parles de recette ! Il était une fois un « vieillard » de soixante et un ans, sur un bateau de douze ans d'âge, qui aura cuisiné quatre-vingts jours sa quatrième place en défiant les lois de la gravité. (Rires.)

Plus sérieusement, l'histoire au départ était la suivante : de tout petits moyens pour moi. Un jeu de voiles offert par « Corum[1] » et, sans leur générosité, on ne bouclait pas le budget. Mais en même temps une paix royale au départ en raison des restrictions sanitaires. Les journalistes, que je vois d'ailleurs toute l'année, avaient naturellement d'autres chats à fouetter que d'aller interroger le doyen de la course. Ils connaissaient d'ailleurs les réponses.

Et il y en a beaucoup que j'apprécie et dont j'aime la présence, mais disons que seul un devin aurait pu me placer sur la liste des prétendants au podium. Se souvenir tout de même : un ancien bateau mené par le plus vieux de la

1. Écurie pour laquelle Nicolas Troussel est le skipper IMOCA.

course. Et hop, quatre-vingts jours plus tard, au pied du podium. La fameuse place du con. (Il rit.) Qui aurait misé une pièce sur nous ? C'est la beauté de la chose, et je ne dis pas ça par esprit de gloriole, sachant que dans ma vie j'ai beaucoup plus perdu que gagné. D'ailleurs gagner est presque anormal.

Tu dis parlant du bateau : « on ». Vous dites toujours « on », vous, les marins…

Dis donc, t'es au courant qu'on est deux en solo, non ? Le solitaire et… son bateau. Donc « on ». Un pluriel pour un singulier. « On » a fait ceci, « on » fait cela, « on » a fait pipi dans le seau, « on » a pris un ris, « on » a fait une connerie dans une manœuvre et « on » a bien dormi. « On », ben, c'est nous.

Tu le dis assez souvent : je suis un homme de chiffres. Qu'est-ce qui est irréfutable dans ce Vendée 2020-21 ?

Et, je crois aussi, pragmatique. En fait, je suis un marin… terre à terre. J'ai mis, cette année, une dizaine d'heures de plus qu'il y a quatre ans, et sans compter le temps compensé. Avec le même bateau, certes allégé, mais qui a été endommagé. Ça veut dire quoi ? Le parcours, on est d'accord, c'est le même ? Parce que moi j'aime bien revenir aux choses basiques,… On part bien des Sables-d'Olonne et on revient aux Sables-d'Olonne. Donc, les gens peuvent dire « la météo ceci, la météo cela ».

Les seuls points de comparaison irréfutables qui peuvent être faits sont au nombre de deux : il y a quatre ans, j'avais quatre ans de moins et j'avais le même bateau.

En 2016-2017, je suis donc arrivé une dizaine d'heures plus tôt avec un bateau sur lequel je n'avais connu aucun souci de structure. Cette année, j'ai navigué avec le pied sur le frein pendant un bon mois en raison d'un bateau abîmé qui, sans les réparations de structure que j'ai réalisées, ne m'aurait pas ramené à la maison. C'est encore un point irréfutable. Ce qui sépare les éditions 2016-2017 de celle qui vient de s'achever peut se résumer à l'épaisseur d'un coup de crayon. Bien sûr, on va me dire qu'un coup de crayon ça se gomme. Sauf la bonne météo, ou la moins bonne. Mais la copie d'il y a quatre ans est quasiment un calque de celle rendue en janvier 2021. Et c'est ça qui me stupéfie neuf mois plus tard. À l'échelle du temps, de l'âge qui avance, du métier aussi. Je suis, malgré une météo fort différente d'il y a quatre ans, dans l'épaisseur du trait. Et c'est une déroutante satisfaction.

Tu parles de « déroutante satisfaction » pour l'épilogue. Je me souviens de ces quinze jours précédant le départ, qui auraient pu aussi bien être qualifiés comme telle, vu la confiance un peu matoise qui était la tienne. Je me trompe ?

Non. Car on a tous au fond de nous, du moins ceux qui ne figurent pas dans les pronostics, cette joie parfois un peu mauvaise de vouloir les déjouer. C'est de bonne guerre.

Chaque compétiteur la possède au fond de lui. Sans quoi il n'y a pas de combat sur l'eau et c'est une croisière. Et moi je ne suis pas croisiériste ! À vrai dire, on pourrait résumer cette édition à un concours de pronostics. Deux vainqueurs potentiels sur le papier : Alex Thomson et Jérémie Beyou. Charlie Dalin, qu'on plaçait alors sur la troisième marche.

On a vu que lui aussi a déjoué les pronostics en coupant la ligne d'arrivée le premier. Et de quelle manière ! Puis Thomas Ruyant en « quatrième mousquetaire ».

Et puis les autres. Qui n'existaient quasiment pas dans la médiatisation d'avant-course, ou alors si peu. À l'exception de Clarisse [Cremer], qui avait été bien exposée à la lumière. Les trois quarts de la flotte étaient presque comme à la sortie de la messe, comme nous les bateaux à dérives : « À vot' bon cœur, messieurs-dames les journalistes. » Comme Damien Seguin, Maxime Sorel ou Benjamin Dutreux, et moi-même.

Qui pouvait nous prêter attention ? En fait, on n'existait quasiment pas. Trente-trois concurrents, cinq, six, sept dans la lumière ; et une flotte tapie dans l'ombre médiatique.

Le schéma du départ était aussi séduisant qu'il était factice : au trio – voire quatuor – des bateaux neufs, la victoire promise. Il ne faut d'ailleurs pas blâmer que les journalistes : cette analyse avait été faite, disons, parmi le deuxième ou le troisième cercle du milieu. Mais aussi parmi ceux du premier cercle, c'est-à-dire les techniciens et architectes. C'était communément partagé, car tout cela reposait sur la science et le progrès. Il faut se souvenir que, selon les plans de marche, il ne faisait aucun doute que le record allait être battu. La question était de savoir : par qui ? et de combien ? Finalement, toutes les cartes ont été rebattues et on se retrouve avec un podium tout à fait étonnant dans sa configuration et dans son arrivée, compte tenu aussi des fameuses « bonifications » accordées par le comité de course[1].

1. Charlie Dalin classé deuxième à l'issue des compensations accordées à Yannick Bestaven.

Préférons « compensations ». Au regard des solitaires, Boris Herrmann, Sébastien Simon et toi, qui se sont alors détournés pour venir au secours de Kevin Escoffier, le mot me paraît plus juste, non ?

Oui, tu as raison. Je n'ai d'ailleurs jamais commenté les décisions du comité[1], que ce soit en mer ou à terre. C'est sans appel. Donc je ne vois pas pourquoi j'irais critiquer, commenter, voire me féliciter d'une décision qui est sans appel : c'est perdre sa salive.

On peut ressentir chez toi comme une forme de victoire sur la presse ? Une amertume à l'égard des journalistes ?

Ah non, tu te trompes complètement ! Une de mes filles est reporter au *Monde*. Elle a couvert quatre ans le Sahel, sur zone. Et je connais les sacrifices qu'il faut consentir pour percer, ou pour juste décrocher des piges, surtout quand on couvre des zones de conflit. J'ai beaucoup de respect pour ce métier, sûrement plus d'ailleurs qu'avant, connaissant les difficultés de la profession. Mais, comme dans la vie, il y a un tiers des gens qui t'aiment, un tiers d'indifférents et un tiers qui, quoi que tu fasses, ne t'aimeront pas. Tu peux appliquer cette règle à tous les milieux. Y compris au mien. Et quoi que je dise, d'ailleurs, cela n'y changera rien. Il s'agit d'un constat. Je comprends très bien qu'il était, sur le papier, déraisonnable de faire de nous quatre, les skippers de bateaux à dérives face à la génération des foilers 2014 et 2018, des prétendants à la victoire. C'était un coup à se tapoter la tempe de l'index : « Hey, mais ça va pas la tête ! »

1. 16 heures et 15 minutes de compensations.

Simplement, nous étions là. Et de toute façon il y aurait « une course dans la course », comme une consolante. Ce n'était pas nous faire injure de penser ainsi.

À la différence près que le public me suit depuis un moment. Un peu comme un vieux cousin à la mode de Bretagne qu'on retrouve tous les quatre ans et auquel on s'identifie : avec lui on va sourire, s'émouvoir ; il va nous parler comme si on se connaissait depuis toujours, nous raconter des histoires qu'on ne va pas toujours comprendre, mais ce n'est pas grave. Et qui comprend tout, d'ailleurs ? Je suis comme un tableau sur lequel on donne un coup de plumeau tous les quatre ans. Un certain nombre de tes confrères m'ont peut-être vu comme ça. Je ne leur en veux pas du tout ! Ils sont tellement habitués à ce tableau au-dessus de la cheminée qu'ils n'y prêtent plus vraiment attention. Et je peux me mettre à leur place. Je n'ai pas toujours été agréable ni bien disposé. C'est aussi vrai que j'en ai envoyé quelques-uns sur les roses. Mais il y a prescription ! C'est une erreur de dire que je n'aime pas les journalistes.

Ce qui m'a surpris, n'étant pas familier des réseaux sociaux, c'est une vidéo mise en ligne quelques mois avant le départ par Anne, mon épouse, dans laquelle j'enfile ma combinaison de survie. Ça a fait l'effet d'une traînée de poudre. Un vrai tabac dont j'étais loin d'imaginer la portée sur Facebook. Je me suis dit : « Tiens tiens, il se passe un truc avec nous. » (Rires.)

Mais tu ne découvres pas que tu étais déjà quelqu'un de très populaire ? Et que ta notoriété était déjà installée, souvent au-delà du cercle des passionnés de large ?

Non, évidemment. Mais c'est sans aucune mesure à l'issue de ce Vendée. Ça m'a dépassé. C'est presque un boulot à plein temps pour Anne qui a reçu depuis six mois des dizaines de demandes d'interviews, de parrainages, d'inaugurations. Et qui doit les gérer. (Il souffle.)

Un fardeau à porter, cette popularité ?

Ah non ! Tiens, une anecdote. Anne me dit : « Tu vas passer chez Delahousse sur France 2. » Bon, moi, Delahousse, ça ne me dit rien. On me dit : « Naan, pas possible, enfin tu sais pas qui c'est ? » Comment je pourrais savoir ? « Mais si, tu sais bien ! – Mais non ! » On aurait dit un sketch. Au passage, comme on était à Paris, on en a profité pour aller voir Annick Girardin avant le JT.

Au ministère de la Mer ?

Elle avait promis de venir m'accueillir à l'arrivée. Mais il y a eu maldonne avec un autre ministre du gouvernement qui devait aussi se déplacer aux Sables. Résultat : aucun n'est venu. J'ai dû glisser dans la presse : « Quand on dit une chose, on s'y tient. » Dans la foulée, coup de fil de son secrétariat pour rattraper la boulette. Et invitation au ministère. C'était un geste vraiment sympa. Elle, ses collaborateurs et leurs enfants. Elle m'explique que tout était prévu, un minibus loué, etc. Ils avaient l'air sincèrement abattus. Elle m'a dit : « Écoutez, Jean, on va vous remettre une médaille. » J'ai pas trop cherché à savoir laquelle. Bref, elle m'annonce : « Bon, Jean, on pourra faire la remise de médaille comme prévu. » Un haut fonctionnaire lui souffle : « À Lorient ! » Je dis : « Ah ! ça, pas question. Dans le Finistère ou rien. » Je lui propose de faire ça en haut du phare de Penfret. Comme ça on ne sera pas plus de huit ou dix. On sera bien.

Et Delahousse ?

Ah oui, Delahousse ! Il ouvre la porte de la loge, voit mes cheveux et me lance : « Au moins ce coup-ci on ne va pas parler des miens ; on va parler des tiens. » Je n'ai pas tout compris sur cette histoire de cheveux. Mais le gars est chaleureux.

T'as eu le trac ?

Je n'ai jamais le trac quand je prends la parole. Il m'est arrivé de me revoir. Et de me dire : « Tiens, là, c'est bien moi… » Je ne prépare jamais rien. Ni intervention. Je ne sais jamais ce que je vais dire, c'est ça qui fait un peu peur parfois. (Il rit.) Tu sais, je ne fais aucune différence entre mon boulanger, un maçon, Delahousse et le président de la République. Je pense qu'avec dix minutes de plus en visio, quand Emmanuel Macron a appelé juste après la récupération de Kevin, j'aurais été capable de le tutoyer. C'était un moment amical, chaleureux. Je crois bien que je lui ai dit que je n'aimerais pas être à sa place. Ce type a eu la totale avec la gestion du Covid. Il tient la route… Je me suis souvent posé la question : comment tu fais quand t'es le président de la République et que tu te tapes les

Gilets jaunes, la réforme des retraites, etc., puis quinze mois de Covid. Sans compter le bazar au Sahel. Comment cet homme peut simplement dormir ? Et là, tu l'as en face de toi, ce mec de quarante ans, qui se marre. Et qui te dit : « Vous me faites du bien ! » Et qui te lance : « Jean, je suis fan de vous. » Tout comme cette femme qui un matin, aux vacances de Pâques, avec ses enfants, toque à la porte et qui dit : « Je suis fan de vous. » Un inconnue, un président, un boulanger et moi.

Au fond, ta première fan, ne serait-ce pas Anne, ta femme ?

Ma seule et unique interlocutrice. Mon pivot. Elle a enregistré toutes les conversations que j'ai eues avec elle sur les deux derniers Vendée Globe. Une mine d'histoires. (Il rit.)

De toute façon, les problèmes du bord, c'est à toi seul de les résoudre. Personne ne pourra le faire à ta place. Mais de l'avoir tous les jours, pas nécessairement longtemps, c'est aussi une béquille morale. Un équilibre dans le déséquilibre permanent qu'est un tour du monde. Nous sommes une petite équipe dans laquelle Anne a une importance capitale. Il faut être en confiance absolue avec l'autre. Ne pas avoir de filtres. Cette confiance dans ton interlocuteur est un gage supplémentaire de réussite. Ne pas raccrocher en se disant : « Merde, je n'ai pas été compris. » Je pense que c'est un atout d'être au sein d'une microstructure, familiale, très réactive. Souple. Une tribu. Ce qui est dit dans le vestiaire appartient au vestiaire. Comme dans un confessionnal.

J'aimerais revenir sur le panorama de la haute vitesse qui devait être celui de cette édition. Outre la déception légitime des acteurs de premier plan qui n'ont pu donner la mesure de leur monture (casse de Thomson, Beyou, et moindre mesure Ruyant, Dalin), tu as ajouté un facteur qui n'a pas été pris en compte : la mer. Tu peux développer ?

Le problème de la mer, c'est un peu con, mais ce sont les vagues. (Rires.) En disant ça, j'ai l'impression que je répète la même chose, comme dans un interrogatoire de police sous la lampe. « Alors, monsieur Le Cam, quelle est l'arme du crime ce coup-ci ? – La vague, monsieur le commissaire ! La grosse vague ! La terrible vague ! » C'est curieux cet oubli, parce que ça revient systématiquement à chaque fois, que ce soit une traversée transatlantique ou un tour du monde. On a l'impression que cette évidence-là n'a pas été prise en compte, même par des esprits, disons, plus scientifiques.

Il y a eu plus de bateaux à l'arrivée que sur les autres éditions (vingt-cinq classés sur trente-trois). Comment l'expliques-tu ?

C'est assez simple, et je vais te faire la démonstration en trois points. Premier point. Deux facteurs évidents de sécurité ont été pris en compte : quille et mât. Dans les éditions précédentes, il y avait des problèmes de quille, notamment de structure, et de démâtage récurrents. Or, la classe IMOCA a décidé d'une standardisation des quilles et des mâts. De sorte qu'il n'y a pas mécaniquement, au moins sur ces sujets-là, eu de développement – ou de recherche – possible, sachant qu'il y avait un facteur de sécurité qui avait été imposé sur la fabrication de ces mêmes éléments. D'où une casse minime qui est vraiment à mettre au crédit de la classe IMOCA. Tu vois, il m'arrive d'en dire du bien. (Rires.) À l'exception hélas d'une seule casse de mât, celui de Nicolas Troussel (*Corum*).

Deuxième point. Et c'est une lapalissade : les bateaux ne sont pas allés vite. Et toujours la même rengaine : et pourquoi les bateaux ne sont pas allés vite ? Parce qu'il y a des vagues sur la mer. Et c'est vraiment con, les vagues.

Troisième point. Et si nous étions arrivés à la limite de ce que peut supporter l'être humain ? Chacun de nous possède des seuils différents d'acceptabilité de la souffrance. Jusqu'à quelle limite est-on prêt à l'accepter ? À quel moment lâche-t-on le morceau, réduit-on la cadence ? Est-ce que ce seuil a été dépassé ? Quand ? Par qui ? À quel moment Untel ou Unetelle s'est dit : « C'est bon, j'ai eu ma dose. C'est trop dur. C'est insupportable » ?

Je pense que des seuils ont été dépassés pour certains sur ce Vendée, et qu'à un moment tu n'en peux plus. Et quand tu n'en peux plus (il souffle), tu ralentis parce que tu te dis : « C'est absurde, je vais tout faire péter. Et moi le premier. »

Tu n'en peux plus d'aller vite. Tu fais souffrir ton bateau. Et tu refuses de le faire souffrir davantage. Cette idée-là, de le martyriser, devient alors inacceptable. La vitesse devient douloureuse. Je ne sais pas si cette idée de douleur peut parler aux ingénieurs ? Ça serait intéressant de leur proposer un logiciel qu'on pourrait appeler « Douleur et vitesse ». Et n'oublie pas que, sans vagues, la douleur disparaît. Et que les foilers sont alors de merveilleux engins, des machines complexes, mais tellement incroyables. Tu vois bien que je ne suis pas contre les foilers ! Je suis contre les foutues vagues. (Il se marre.)

Une mer sans vagues ? Ça existe ?

Une mer qu'on pourrait presque peigner avec un râteau de jardin, oui. En fait, on la connaît cette mer sans vagues, ce sont les plans d'eau sur lesquels se déroule la Coupe de l'America. Et plus ça va vite, moins ça m'a semblé intéressant cette année. J'ai jeté un œil sur les premières régates – et j'aurais bien aimé que les Italiens l'emportent –, mais j'ai trouvé ça – comment dire pour être poli – ennuyeux. Et déroutant, car je ne savais pas au premier regard si les bateaux étaient dans du près… ou du portant. C'est bien la preuve que la vitesse, si là elle n'était pas douloureuse, peut se montrer assommante. C'était barbant, en fait, cette Coupe. Mais je ne devrais pas le dire. (Sourire.)

Tu as évoqué la souffrance qui s'oublie. Peut-on « oublier » les conceptions architecturales qui ont présidé au lancement des foilers sur ce Vendée, avec ces appendices démesurés, par exemple ?

L'intelligence des architectes, l'intelligence de l'Homme, a produit des bateaux de hautes vitesses, merveilleux, mais qui, pour le coup, n'ont pas été adaptés en raison de la météo lors de ce tour du monde. À nouveau l'histoire de la vague.

Mais on voit arriver d'autres idées conceptuelles, de nouvelles imaginations qui pensent les bateaux de demain. Je n'étais pas le seul à l'avoir noté : le bateau d'Armel

Tripon[1] m'a vraiment immédiatement plu par son dessin et sa conception. Un scow, mais avec foils. C'est une architecture, avec cette étrave un peu spatulée, que l'on trouve sur les petits bateaux de lac aux États-Unis. Sans foils, avec leur étrave arrondie. Une voie ouverte par des architectes français, notamment David Raison sur des bateaux de 6,50 mètres il y a plus de dix ans. C'est évidemment une piste à creuser, y compris pour moi, car elle me semble peut-être plus sage architecturalement et tout aussi performante.

On pourrait t'opposer : tu ronchonnes dans ton coin mais tu ne proposes pas de solution ?

Je ne serais pas crédible si j'étais comme tu le dis. Or, nous travaillons depuis cinq mois sur la conception-construction d'un bateau simple. Simple ne veut pas dire lent. Un scow sans foils, avec dérives classiques. Une voie plus raisonnable et aussi moins coûteuse, car il serait prévu d'en produire trois pour l'édition 2024. Aujourd'hui, les armements qui se lancent dans le prochain Vendée avec un nouveau bateau vont mettre sur la table un budget de 15 millions sur quatre ans. Voire peut-être plus. Nous allons tenter de sortir des bateaux dont le coût serait inférieur de moitié. C'est en tout cas notre objectif.

Les vitesses théoriques des foilers n'ont pu être atteintes sur la dernière édition. Ce constat a été fait par tous les acteurs de la course. On en revient au point de départ : l'état de la mer, les vagues, l'accélération, la route pleins gaz vers le temps compressé, les moyennes soutenues qui

1. Vendu à Louis Burton peu après l'arrivée de Tripon.

sont difficiles à tenir, et parfois, et même souvent, la casse d'un appendice. Et alors c'est l'abandon.

Tu veux parler de cette « cadence » qui devait révolutionner cette édition du Vendée ?

En partie exacte. Je parle des bateaux à foils de 2018, précisément. Je crois que d'adopter une « limite basse » à la vitesse me paraîtrait cohérent et sage. Mais c'est simplement le fruit d'une réflexion qui n'engage que moi.

Et qu'aurait donné cette fameuse « partie basse » à 28 nœuds et déjà fort élevée que tu évoques ?

Avant, faisons un exercice de tête. Donc imaginons que ces foilers soient allés sur ce Vendée à 4 nœuds plus vite. Donc, allez, 100 milles de gain par jour sur nous, les bateaux à dérives, les vieux bateaux, pour faire simple ; 100 milles par jour, en tablant par exemple sur quatre-vingts jours, ça fait 8 000 milles. Et 8 000 milles, en gros, ça fait un peu plus de deux transatlantiques[1]. Donc un écart de 8 000 milles nous aurait séparés, si on l'avait mis sur le papier de manière très théorique. Soit un peu plus de deux Routes du Rhum d'écart, à la louche. Ça parle mieux au public. J'aime bien faire ce genre d'exercice, ça remet bien les idées en place. Comme je suis parti dans une sorte de rêve éveillé, j'aurais bien, réuni autour de la table tous les architectes qui ont dessiné les bateaux de Vendée Globe.

1. Une Route du Rhum fait en théorie 3 500 milles entre Saint-Malo et Pointe-à-Pitre.

Tu te serais donc vu présider ce « conseil des sages » architectural ?

Encore une fois, c'est une projection imaginaire ! Dans mon rêve, j'aurais lancé une convocation obligatoire avec un ordre du jour : bilan du Vendée et perspectives pour 2024-2028. Comme président de séance, j'aurais été pas mal. (Sourires.) J'aurais lancé la convocation aux plus en vue des architectes de la place, au cabinet VPLP[1], à Guillaume Verdier, à Juan Kouyoumdjian et évidemment à Samuel Manuard. J'aurais demandé à l'architecte coureur David Raison de se joindre à nous comme auditeur libre. On aurait eu présents la crème de la crème de la pensée architecturale. Ce qui se fait de mieux au monde. Le sommet !

Et tu leur aurais dit quoi, dans ton rêve ?

Je leur aurais donné une heure pour écrire leur analyse de la course. Puis j'aurais ramassé les copies à la sonnerie. Puis je les aurais entendus lors d'une sorte de grand oral, quinze minutes chacun. « Sachant vos retours d'expérience, comment voyez-vous l'évolution des bateaux sur deux à trois éditions des prochains Vendée Globe ? » On aurait publié les conclusions à l'issue du colloque. Et on serait ensuite passés à table pour continuer la discussion autour d'un bon plat du jour et d'une bonne bouteille.

1. Van Peteghem et Vincent Lauriot-Prévost ont créé le cabinet phare de l'architecture navale.

Plus sérieusement, estimerais-tu nécessaire un travail introspectif des architectes ? Eux reconnaissant qu'ils se seraient, peut-être, de bonne foi, éventuellement égarés dans une course intellectuelle vers plus de performance ? Donc vers plus de progrès ?

Ce sont des gens très intelligents. Mais de quels progrès parle-t-on ? Je ne désespère pas de les voir un jour réunis pour débattre. Ça serait profitable à tous, marins, constructeurs, sponsors et organisateurs du Vendée au premier chef. À vrai dire, nous sommes tous coincés dans une logique de « toujours plus » et de concurrence terrible, y compris entre les archis.

Tu remettrais en cause leur probité intellectuelle ?

Et qui je serais pour la remettre en cause, moi un simple coureur qui n'a pas de bagage intellectuel ? Non, pas du tout ! Je sais que c'est difficile de se dire : oui, je pense que là, précisément, je suis allé trop loin, poussé aussi par la demande de mon client. Dans le même temps, je sais aussi que les archis sont de très grands pragmatiques. Mais jamais je ne me mettrai en doute leur probité. Jamais !

Concrètement, aujourd'hui, sur quelles compétences tu peux fonder un jugement post-Vendée, sachant que ton « conseil des sages » relève de la pensée magique ?

Mon équipe est déjà entrée en discussion avec quelques-uns de ces archis que j'ai mentionnés. Je collabore depuis un moment avec Olivier Mousselon, un type passionnant de MerForte, un cabinet d'ingénierie navale qui avait travaillé à nos côtés sur *Hubert*, mon bateau actuel. Ce cabinet a fait pour nous des calculs de structure, mais pas uniquement, et possède également des compétences architecturales. Et c'est donc formidablement enrichissant dans l'optique des nouvelles normes en train d'être édictées par la classe IMOCA. Bon, parfois il y a des trucs qui m'échappent. Notamment les calculs pour les foils. Vincent [Riou] m'en avait parlé et je ne comprenais pas trop ce que ça voulait dire. Depuis, c'est rentré, mais bon, on ne va pas non plus ennuyer le lecteur. (Rires.) Pour faire simple, je vais reprendre à mon compte le célèbre axiome d'Halvard Mabire, qui n'a pas besoin d'une longue traduction : « Ce n'est pas une fois que tu as chié dans ton froc qu'il faut serrer les fesses. » J'avoue, ce n'est pas politiquement correct, mais ça a au moins le mérite de la clarté. À savoir qu'il me semble – encore une fois je ne représente que moi-même – que nous sommes allés « trop loin » – sachant qu'il s'agit de course en solitaire – alors prenons le risque de penser différemment pour éviter demain de prendre de « fausses bonnes » décisions pour gommer ce fameux « trop loin ».

Pourtant la classe IMOCA a décidé en avril, entre autres, de limiter la taille des foils, donc de réduire la puissance. Tu devrais t'en féliciter, non ?

Absolument ! Mais c'est aussi tout simplement parce que tout le monde a eu peur. Le coup est passé tout près. On accepte toujours les foils existants. Mais on va en construire aussi de plus petits, en espérant réduire les coûts. Je suis un peu comme saint Thomas : je jugerai sur pièces.

Pourquoi n'avoir pas retenu les foils monotypes ? C'était une proposition défendue par Kevin Escoffier en avril dernier afin de réduire les coûts. L'idée a été écartée, pourtant je la trouvais judicieuse. Ensuite, l'argument de développement durable, proposé par la classe IMOCA pour des bateaux de course en carbone, tient quand même un peu du « verdissage ». Nous sommes tous pour la réduction de l'empreinte carbone, qui ne l'est pas ? Produire des véhicules électriques, c'est toujours rejeter autant de carbone dans l'atmosphère pour les fabriquer. Pour l'IMOCA, ce sont des décisions prises en urgence devant la situation ressentie. Et l'urgence, c'est souvent déjà trop tard, comme tu sais. Ça donne l'impression que nous sommes égarés, perdus, et que la direction de la classe IMOCA est elle-même un peu perdue dans l'évolution très volontariste et très intellectuelle qui a présidé à ces mêmes bateaux.

Du débat naîtront de toute façon des ajustements, j'en suis certain. Même si je me suis volontairement retiré de la classe. J'avais cette impression, peut-être fausse, de porter la voix du type jamais content qui met en garde. C'était, à la fin, épuisant et réducteur, car je ne me reconnais pas dans ce portrait. C'était plutôt la voix de la prudence. Est-ce que les correctifs initiés par la classe IMOCA seront suffisants pour revenir à une certaine maîtrise ou à une relative sagesse ? La question est ouverte.

On pourrait t'opposer : « Jean, rien ne va jamais à tes yeux. Tu es un conservateur qui refuse l'évolution, un mauvais coucheur… Bref, un emmerdeur. »

Ça, c'est trop fort ! Ça me fout en rogne, car je suis tout sauf un conservateur ! J'ai passé ma vie de marin à innover. L'hydroptère et les foils, je connais. Les casses, je connais. Les multicoques, je connais. Les naufrages, je connais. Envieux de quoi ? De qui ? D'Alex ? De Jérémie ? De Charlie ? De Louis ? Tu crois peut-être que je veux revenir aux voiles en coton ? Que je milite pour le retour de la navigation astronomique ? Parfois il m'est arrivé de ne rien dire quand j'étais au sein de la classe. De la boucler. Tiens, tu vois, je préfère me taire…

Mais c'est encore pire quand tu restes silencieux ! On a l'impression que tu condamnes toute prise de parole. Ce sont des silences qui pèsent une tonne…

Reste que je suis bien placé pour pointer les dérives de l'hyperpuissance de ces nouveaux bateaux. Je suis le « sauveteur » de Kevin… La structure des foils s'est-elle inversée ? Je pense avoir les épaules pour pouvoir le dire, à la fois le métier, l'expérience et la légitimité.

Au conditionnel, car on ne sait rien à ce stade d'une inversion des foils ? Dans cette hypothèse, le bateau pique du nez au point de rendre « négative » l'incidence du foil. Du coup, la portance s'inverse, plaquant le bateau dans la mer au lieu de le soulever avec un effet de cisaillement pour le bateau. Comme le dit Yves Le Blévec, « il n'y aura pas d'autopsie possible de PRB*, le bateau de Kevin Escoffier, le cadavre n'ayant jamais été retrouvé »…*

Yves a trouvé la formule parfaite. Oui, tu as raison, gardons le conditionnel ! Restons prudents ! Pour autant, le bateau s'est cassé en deux, crac ! C'est du jamais-vu. Jamais dans l'histoire, peut-être à l'exception des navires de commerce. Il y a eu évidemment certains phénomènes, lors du Vendée Globe 2016-2017, qui pouvaient se rapprocher de l'accident de *PRB*. Le bateau de Thomas Ruyant s'est plié suite à un choc, mais il a pu le ramener en Nouvelle-Zélande. Son bateau ne s'est pas cassé en deux comme celui de Kevin. On pourrait dire « grâce à Dieu », entre guillemets, il n'y a pas eu de disparu.

On pourrait parler d'effet de la Providence ?

Kevin n'y croit pas du tout. Moi je n'en sais rien. En tout cas, le tribunal du large s'est montré clément. Mais clément aussi pour l'ensemble de la flotte au regard de la course. Heureusement, peut-être qu'au Vendée Globe cette année le premier n'aura pas mis moins de quatre-vingts jours…

Pourquoi ?

(Silence). Je fais mienne la formule d'un philosophe : « en inventant la vitesse on a inventé l'accident ». Juste ce rappel : le premier bateau du Vendée Globe a mis six jours de plus qu'il y a quatre ans. Six jours, c'est l'écart il y a huit ans entre François Gabart et moi. François coupait la ligne aux Sables alors que j'étais encore… au Cap-Vert. Mais en janvier dernier, j'ai mis une semaine de moins qu'il y a huit ans… et avec quatre ans de plus. Plus je vieillis, moins je mets de temps à boucler un tour du monde. C'est rassurant de savoir qu'on peut faire du sport de haut niveau jusqu'à un âge avancé. (Il rit.)

Avec la victoire de François Gabart en 2013 sur un bateau à dérives en soixante-dix-huit jours, on a eu l'impression qu'on était déjà entrés dans une ère des records. Armel Le Cléac'h le descend à son tour de quatre jours quatre ans plus tard. Et toi, tu es toujours là, oscillant aux alentours de quatre-vingts jours et quelques heures. Une fois sixième à l'arrivée, cette fois quatrième. Comme un symbole du Vendée et de la constance ?

Comme un homme de son siècle que certains voudraient presque voir en homme du XIXe avec sabots, pull en laine et ciré huilé à la graisse de phoque. À Terre-Neuve tant qu'on y est ! C'était un peu l'image qu'on avait de nous quand on s'est amarrés à côté d'*Hugo Boss* sur le ponton des Sables avant le départ. *Hugo Boss* ? Une machine de guerre, noir et rose. Des caméras embarquées, d'une ingénierie dingue et d'une beauté folle. Le vaisseau le plus inouï jamais construit. *Hubert*, à côté, avait l'air d'une charrette à bras. Manquait plus que la paille… Armel Le Cléac'h a parfaitement résumé cette course, qu'il a déjà remportée : il faut des tout-terrain des mers pour aller au bout de cette course qui est une aventure à la fois humaine et technologique. Il faut décomposer l'expression « en so-li-tai-re » pour que ça rentre bien dans le crâne. À cela s'ajoutent des complications, comme pour les montres hors de prix : quille basculante, ballasts, et maintenant foils rétractables ou non. Ce sont des couches de complexité. À terre, on crie au génie, à raison. En mer, c'est une autre paire de manches pour dompter la machine, surtout quand surviennent les ennuis.

Penses-tu, fort de ton expérience, que ce type de foilers, comme on l'a souvent dit, serait uniquement maîtrisable par quelques-uns, des jeunes, entraînés comme des athlètes de haut niveau ? Sans te faire injure, n'est-ce pas...

Je te remercie. (Rires.) On en revient encore une fois à la capacité d'encaisser les chocs. Mais ce n'est pas un problème *stricto* physique. C'est un problème d'absorption de la douleur. Pas une douleur comme celle d'un doigt coincé dans une porte. C'est la résistance mentale. Ce n'est pas une capacité de puissance ou d'endurance à la colonne de winch qui ferait qu'on serait capable de naviguer sur une telle machine. Ce n'est même pas le sujet.

Le sujet, c'est la résistance mentale. C'est-à-dire encaisser la répétition des chocs, de vivre, au fond, dans l'invivable. Isabelle Joschke a réalisé à mon sens un des plus hauts parcours dans le Sud. À ma connaissance, elle ne prépare pas les Jeux olympiques. Tenir, tenir, tenir. Elle a tenu, et de quelle manière ! Et tenu tête aux meilleurs dans cette portion du Grand Sud. Jusqu'à son avarie de quille qui l'a obligée à s'arrêter. Ça vaut aussi pour Sam Davies, bien sûr. Quand j'ai récupéré Kevin, une des choses qui m'ont frappé c'est qu'on a immédiatement parlé du bruit, de son casque et ses boules Quiès laissés à bord de *PRB* qui avait sombré. Ça te donne une petite idée de l'enfer sonore de ces bateaux.

Ce qui peut paraître contradictoire pour le lecteur, c'est que tu parles des foilers en n'ayant pas navigué dessus.

Une excellente remarque. Je n'ai jamais eu ni l'occasion ni le temps nécessaire pour honorer l'invitation qui m'avait été faite par Nicolas Troussel quelques mois avant le départ du Vendée. Les six mois qui précèdent le départ ne t'appartiennent déjà plus. Nous sommes une équipe au nombre de quatre, cinq. Je dois être en permanence au chantier. Puis nos agendas n'ont pas coïncidé. Et pourtant je dois être l'un des premiers à avoir volé sur l'eau. Comme pilote, sur l'hydroptère d'Alain Thébault, dès 1999. De ces bateaux nouvelle génération, c'est vrai, je n'ai qu'une expérience... par procuration. Par les récits circonstanciés, techniques de Vincent Riou, de Nicolas Lunven et de Kevin Escoffier. Quand des marins de ce niveau te parlent d'accélération brutale, de décélération tout aussi brutale, du bruit, de souffle coupé quand le bateau retombe dans la vague : tu sais. Tu y es. Un journaliste qui couvre une guerre n'est pas supposé se servir d'une arme. Mais pour autant il sait quels dégâts ça fait. Il recoupe ses infos. Les relate. J'ai recueilli les témoignages de coureurs qui ont déjà été des compagnons de navigation. Et il se trouve, en plus, que je connais assez mon bateau : il tape... même sans foils. (Il rit.)

J'ai aussi une petite idée de la dureté, car depuis le sauvetage de Kevin, pendant un mois et demi, à chaque vague je pensais que c'était la dernière avant le naufrage. J'ai constaté les dégâts de structure le surlendemain du débarquement de Kevin sur la frégate *Nivôse*.

C'est assez inhabituel chez toi, car tu n'évoques jamais la souffrance de la compétition, la résistance au mal, l'éventuelle détresse ?

Tout était hors normes sur cette édition. J'ai dû complètement arrêter le bateau au large du Brésil, à deux, trois nœuds. J'étais à bout. J'en pouvais plus, et en même temps je voulais arriver… au bout. Je ne voulais pas détériorer le bateau plus qu'il ne l'était. Or, ce n'est pas du tout un problème de douleur physique, mais de douleur morale qui m'a bouffé quasiment la moitié de la course. J'étais dans une sorte d'abattement.

Tu as eu l'impression d'avoir reculé tes propres limites sur ce Vendée ?

Reculer les limites en automobile aujourd'hui, c'est gagner en confort. En sécurité. Le mot recul n'a pas le même sens. Y compris si on parle de vélo. On pense aujourd'hui au vélo avec assistance électrique. C'est un recul de la limite de la souffrance, non ? Les Formule 1 vont toujours aussi vite, mais avec des moteurs moins gourmands. Est-ce que c'est un recul de la limite ? Si on devait faire une comparaison avec la route, ces bateaux à foils sont surpuissants mais n'ont pas de freins à disques. Or, les cyclistes du Tour de France ont aujourd'hui des freins à disques. Quand le peloton roule à 90 km/h en descente, c'est en effet plus sage… C'est tout le problème du plan porteur, que je connais depuis trente ans. Fondé sur le principe de sustentation et qui agit comme une dérive, mais placée à l'horizontale. Comme un deltaplane en quelque sorte. Or nous sommes dans un fluide incompréhensible : l'eau. Et en plus de ça, il y a des vagues sur la mer. Les fameuses vagues, tu t'en souviens ? Résultat des courses, et c'est sans compter la complexité de l'utilisation, la vitesse s'est accrue. Et comme tu sais, les chocs sont au carré de la vitesse. La question est simple : l'homme est-il toujours en mesure de maîtriser la machine ?

Si je te suis bien, on pourrait se diriger vers une division des objectifs ? Un bateau tel qu'il est construit aujourd'hui ne pourrait pas faire les deux, transat et tour du monde ? Ou serait handicapé par le cumul des deux objectifs ?

Je préfère dire : pas optimisé pour les deux objectifs. On pourrait imaginer une situation dans laquelle le Vendée Globe écrive dans son avis de course, par exemple, sa nouvelle bible en quelque sorte, que les bateaux à foils, pour les prochaines éditions, sont... interdits.

Ça serait refuser l'évolution : absolument impossible ! Tu y crois ?

Non, bien sûr ! Mais légalement et légitimement la SAEM Vendée pourrait tout à fait le faire. La direction du Vendée est souveraine et totalement indépendante. Elle pourrait dire, demain, dans cinq ans : « Nous allons écrire une nouvelle bible de la course. » Le Vendée pourrait s'affranchir de l'IMOCA, je sais aussi que c'est improbable. Le Vendée est un acteur surpuissant du monde du large. Comme il est surpuissant, toujours dans une sorte de rêve, il prend sa plus belle plume et pourrait écrire : « Moi, Vendée Globe, je décide que dorénavant la course va se courir en... classe 40, sur des bateaux de 12 mètres. » Ces mêmes 40 pieds sont bluffants, à l'image du bateau par exemple de Ian Lipinski (*Crédit Mutuel*). Le Vendée, c'est en quelque sorte un législateur incontournable de la course hauturière en solitaire. Et n'oublions pas trop vite les problèmes de sécurité. C'est un sujet essentiel. Est-ce que, si j'avais eu des foils sur mon bateau, j'aurais pu récupérer Kevin, avec un appendice de cinq mètres d'amplitude, avec ma grosse lame en carbone ? La question est ouverte. Est-ce que je ne l'aurais pas découpé dans l'eau ? Si je dois aborder un bateau avec un mec en détresse dans l'eau, comment je me débrouille dorénavant ?

Cette hypothèse n'a pas été vraiment soulevée, il me semble ?

Moi-même elle m'avait échappé, tu vois… C'est Anne qui a posé la question à mon retour à la maison. Depuis, ça me trotte dans la tête… Est-ce que c'était pour des raisons de gêne, d'embarras, que ça n'a pas été mis sur la table ? La course avait repris ses droits, Kevin était sain et sauf, etc. On était tout à la joie des arrivées. Tout le monde était rentré aux Sables. On pouvait fermer à clé l'édition 2020-2021 en déclarant que c'était une des plus belles de l'histoire.

Tu es tout sauf un rêveur. Mais pourquoi, à trois reprises, tu te prends à rêver d'un monde qui pourrait s'auto-discipliner ?

Le monde peut se réformer s'il y a une volonté des hommes à le faire. Ça commence à bouger et j'ai confiance dans la science, avec toujours ce « réalisme » du progrès qu'il faut interroger. Imaginons Philippe de Villiers[1], totalement ignorant de la technique, toujours aux commandes du Vendée Globe : il se serait certainement interrogé sur les problèmes de sécurité nés de la surpuissance et surtout sur l'inflation des coûts, notamment, qui dressent – je sais,

1. Ancien président et fondateur de la SAEM Vendée Globe.

j'y vais un peu fort – presque un mur d'argent, écartant les jeunes talentueux ou les expérimentés qui ne pourront jamais réunir des budgets susceptibles de bien figurer au classement. Écartant aussi les PME qui ont fait de cette course ce qu'elle est : un mythe du large.

Qu'est-ce qui te fait dire ça ?

Il m'a appelé il y a quelques semaines, après l'arrivée, pour me féliciter. Je parle de l'homme ici, pas des idées politiques et lubies qu'il défend. On peut penser ce qu'on veut du bonhomme, mais il a construit ce qu'est devenue cette course. J'ai toujours trouvé qu'il avait pour les marins un truc que les hommes politiques n'arrivaient pas à transmettre. Une chaleur, une compréhension. Mais bon, c'est de l'histoire ancienne… Et puis il n'est plus dans le jeu… Mais je me souviens de la phrase d'un concurrent trois mois avant le départ sur un bateau à foils : « Putain, partir seul là-dessus, c'est juste pas possible. » Il faut quand même un sacré courage pour se l'avouer.

La parole des marins ne serait plus une parole libre, directe ? Sans filtre…

D'abord, est-ce qu'elle était si libre ? En tout cas, elle est plus cadenassée depuis une dizaine d'années. Et c'est compréhensible, vu les budgets en jeu et les retombées médiatiques.

Tu connais des marins qui vont dire publiquement : « J'ai eu trop mal, j'étais au bout du rouleau » ? Il faut se souvenir du tableau avant le dernier Vendée : casse, réparation, re-casse. Résultat, on ne navigue pas suffisamment.

Qui aurait osé glisser dans une conversation à bâtons rompus que ces nouveaux bateaux ne sont pas faits pour le solo, à trois semaines du départ d'une course préparée depuis trois ans, sans répit et sous une pression médiatique très forte ?

Quand tu es à la tête d'un projet de quinze millions d'euros, parfois sous la forte pression d'un sponsor, l'aveu est inconcevable. Le coureur pensera : « Je ne peux pas me plaindre parce que j'ai un budget conséquent. Je suis un foutu privilégié et personne ne comprendrait pourquoi je parle maintenant. » Donc silence radio. Et qu'aurais-je fait moi-même dans pareil cas ? Aurais-je eu le courage de le faire ?

À t'écouter, tu serais donc le seul à dire tout haut ce que les autres pensent tout bas ?

Pas du tout, et je ne pense pas avoir été le seul à mettre sur la table mon ressenti. Et il ne faut pas me transformer en seul grenadier voltigeur qui monterait au front, même si parfois en me retournant je me trouve un peu seul en première ligne.

Mais le montage de mon projet m'autorisait cette liberté de ton. L'âge aussi, certainement. Et le métier. C'est aussi le revers de la médaille : j'ai toujours du mal à boucler mon budget. Mais je suis riche de dire ce que je pense et toujours en argumentant, et j'espère sans blesser quiconque. Dès lors qu'il y a des investissements très lourds je me dis : « Mais bon sang, comment Untel a pu tenir psychologiquement devant tant de pression ? » Avoir toute la presse sur le dos qui te pose la même question, qui te torture, alors que tu sais que ton bateau n'est potentiellement pas au point à trois semaines du départ, c'est épouvantable : « Alors, Machin, confiant, n'est-ce pas ? »

Évidemment, pendant ce temps-là, je suis peinard. Puisque personne ne vient me voir. C'était un confort que je n'avais jamais connu. Un luxe… de pauvre. (Il rit.) Détaché, mais avec toujours ce stress du départ. Car le danger vient de la terre et des possibles abordages des bateaux accompagnateurs qui peuvent te foutre en l'air quatre ans de boulot. Je me dis à ce moment que si je finis dans les dix premiers, ça tiendra alors du miracle. Allez, j'estimais au mieux une place dans les huit. Tu connais la suite… Mais surtout je ne voyais pas vingt-cinq bateaux à l'arrivée. J'en imaginais au mieux dix-huit. Qui aurait pu imaginer que le premier mettrait quatre-vingts jours ? Quant à moi, je me voyais possiblement mettre cinq heures de moins qu'en 2017. C'était mon petit objectif. Me voyant donc huitième-dixième sur la ligne à l'arrivée, et il ne faisait aucun doute que le premier allait me mettre dix jours dans la vue.

Et depuis ?

Chacun est rentré chez soi en s'attachant, qui à la construction d'un nouveau bateau, qui à la recherche de nouveaux parrainages, qui à celle d'un nouveau projet. Idem pour moi. Mais est-ce qu'on peut évoquer les éditions 2024, 2028, 2032 sans avoir tiré de bilan avec sang-froid de cette édition ? C'est la seule question que je pose. Et ce n'est pas un appel à la révolution.

Tu es train de te projeter à l'horizon 2032 !?

Ben oui : 2024, 2028, 2032. Attention, je ne dis pas que j'y serai en 2032, à soixante-treize ans. Mais il faut qu'on ait une vision à dix ans. Or c'est maintenant que se prennent les orientations. C'est ce qu'on tente de faire au sein de Mervent[1], avec notamment Éric Bellion. D'autres acteurs pourraient suivre. On peut aussi imaginer qu'au sein même du Vendée cette dérive budgétaire des projets de foilers soit regardée de près. Les fondamentaux, ce sont un homme, une femme, un bateau, les océans. Sans assistance extérieure. Je crois que notre projet apporte des éléments de réponse : faire simple, moins cher. Et tout aussi performant.

Ne plus être un acteur influent au sein de la classe IMOCA, comme tu l'as été longtemps, est quand même préjudiciable à l'avancée de tes idées ? Tu n'y vois pas une contradiction, de ne plus siéger ?

Tu peux le voir comme ça. Mais c'est plus une fatigue de ma part. La candidature que je défendais à l'époque n'a pas été élue. Puis il y a eu un changement au conseil d'administration. Je suis resté solidaire du vaincu. Il y avait des gens de poids à l'époque : Armel [Le Cléac'h], Vincent [Riou], Luc [Talboudet] et moi. Un peu aussi d'à-quoi-bonisme, de lassitude de ma part. On avait travaillé sur un bateau standard. Évolutif. Pas monotype, c'était trop restrictif et pas flatteur. Ça n'a pas abouti.

1. Société de Jean Le Cam.

Certains coureurs qui ont participé au Vendée regrettaient avant même le départ que tu ne sois plus « la voix porteuse »...

Je suis confiant, car je sais que de plus jeunes seront demain cette « voix » qui porte. Je pense que Kevin Escoffier peut être celle-là : il a toute légitimité. C'est un marin ingénieur qui maîtrise à la fois les problématiques des grands multicoques et des monocoques de 60 pieds. S'engager, c'est aussi accepter de déplaire et parfois prendre des coups. Je le verrais bien, Kevin, prendre du poids dans les prochains mois. C'est un mec brillant.

Quelle serait cette responsabilité au juste ? Et comment s'exprimerait-elle ?

Elle tiendrait en une seule phrase : les emmerdes sont toujours au carré de la vitesse. Et encore une fois, certains vont dire que je radote, car l'édition s'est déroulée lentement. Et on revient toujours sur les quatre-vingts jours et l'hypothèse de départ : un tempo de moins de soixante-dix jours. Avec le corollaire, une hypothèse pas si farfelue d'explosion en vol...

Là, tu plaisantes, non ?

Non, pas du tout. Ce n'est pas une totale fiction. Je te signale que l'action du naufrage de Kevin s'est déroulée en léger différé pour moi. Et que j'étais ensuite aux premières loges pour voir la fin en direct : le sauvetage de Kevin.

Cette réforme vers plus de sagesse dans les coûts et la maîtrise de la vitesse ne peut-elle pas venir des écuries elles-mêmes ?

Bien sûr ! On peut l'espérer, mais pour le moment c'est délicat. Demander à une équipe – appelons-la Tartemolle – qui survole la compétition de réduire ses ambitions, c'est aussi remettre en cause tout un business de développement basé sur les foils, la recherche, donc des emplois très qualifiés, etc. Je ne doute pas que certains coureurs ont déjà intégré cette réflexion. Je crois que Charlie Dalin, talentueux, intelligent, raisonnable, peut aussi porter une réflexion sur la vitesse et ses risques : c'est un esprit équilibré. Un exercice amusant serait de confronter nos propos recueillis à ce sujet avant la course, et après. On serait peut-être surpris des paroles et des analyses pré- et post-Vendée Globe.

Avant le départ, lors d'un entretien que tu m'as accordé, tu semblais lire dans l'avenir, comme dans une boule de cristal. Tu disais qu'il faudrait presque mettre un cierge pour que tout le monde arrive vivant.

Ah tu vois ! J'étais dans les clous. (Il se marre.)

On en revient à la question du progrès ?

Surtout on pourrait m'objecter, et à raison : « Tu sais, Jean, on ne peut pas s'opposer au progrès. » Mais la question que je pose est plus simple : peut-on surtout interroger le progrès ? (Silence.) Tiens, à nouveau, interrogeons le public sur la vitesse. Il aurait une réponse de bon sens :

un peu moins vite si vous voulez, comme ça on aura la satisfaction de voir chacun de vous arriver à bon port. Et que le meilleur gagne, même si c'est le plus lent. On peut aussi faire ce constat marketing : 30 % de retombées en plus pour cette course… et nous sommes allés une semaine moins vite. Et avec une jauge de public réduite.

Et peut-être subsidiairement la question de l'argent pour financer ce progrès ?

Évidemment. Même sans aller vers des dépenses de recherche folles, on peut simplement faire le constat que deux skippers – et pas des moindres – n'ont pas été en mesure de se lancer sur la ligne de départ, faute de budgets réunis à temps : Yann Eliès et Paul Meilhat. L'un a remporté trois fois le *Figaro* ; l'autre la dernière Route du Rhum en monocoque.

Mais cette sélection par l'argent a toujours existé. Tu ne la découvres pas ? Toi-même, tu as bénéficié il y a plus de vingt ans de budgets conséquents lorsque tu étais parrainé par Bonduelle, en Orma (circuit des multicoques de 18 mètres) ?

Je ne le conteste pas. Je te précise que j'avais le plus petit des gros budgets de l'époque et qu'il était impossible pour nous de jouer à armes égales avec Belgacom et Groupama, les écuries de pointe, notamment.

Mais oui, ç'a toujours été le cas. Cela dit, les écarts se sont creusés depuis huit ans, pour ne parler que du Vendée. Et aujourd'hui, c'est un fossé.

Les seuils budgétaires des entreprises ne sont pas extensibles. Combien seraient capables de mettre sur la table un million, par exemple ? Il y en a combien ? Allez, mille peut-être. Des entreprises qui sont capables de mettre deux millions ? Il n'y en aurait plus que cinq cents. Des entreprises qui sont capables de mettre trois millions ? Il n'y en aurait plus que cinquante. Et ainsi de suite. C'est très difficile pour des petits partenaires de débloquer des budgets. Nous sommes déjà dans un système où les riches sont de plus en plus riches et les pauvres de plus en plus pauvres. Je n'invente rien. À l'image du monde, la voile hauturière ? N'oublions pas que la société est devenue assez frileuse et les entreprises aussi : prise minimale de risque. Or, ce sport, c'est du risque. Et ce qu'il y a d'amusant, c'est que cette année cette édition a prouvé le contraire avec un maximum d'« arrivants ». Le gain de vitesse, comme dans tous les sports mécaniques, coûte une fortune. La paire de foils coûte entre 500 000 et 600 000 euros. Avec honoraires d'architectes, études, fabrication, etc.

Si je suis ton raisonnement, les sponsors s'engagent dans un sport mécanique dont ils connaissent la probabilité de casse. Mais n'investissent pas sur un marin d'expérience, sur un bateau éprouvé, voire sur un potentiel projet moins coûteux, mais quand même performant, qui leur assurerait pourtant la forte probabilité d'un résultat et donc de retombées ?

Je pense que le projet que nous développons en interne avec Éric Bellion, fort aussi de ses compétences extérieures, a toutes les chances de les séduire car il est raisonnable et compétitif. Je ne vais pas dire : on va gagner le Vendée sur un scow sans foils de 18 mètres. Sauf sur un malentendu, bien sûr. (Il sourit.)

Une part de mon boulot, c'est aussi d'asseoir la notoriété des entreprises qui m'ont fait confiance à travers un résultat, sachant que plus tu es gros, plus tu prends la lumière. Au moment où ils s'engagent – les sponsors ont les pieds sur terre –, ils savent qu'il s'agit d'un sport mécanique. Pour nous, petites structures en général, se pose un autre problème : comment passionner des boîtes, parfois familiales, celles qui ont été précisément à l'origine des premières éditions du Vendée Globe ? Mais pas uniquement d'ailleurs, sachant que le Crédit Agricole du Finistère a toujours été un des acteurs majeurs de tous nos projets.

L'histoire des PME sur lesquelles s'est fondé le Vendée avait un ancrage local et régional très fort. Le ticket d'entrée des quatre, cinq grosses équipes approche ou dépasse les 15 millions. Soit 3,5 millions par an. Impossible pour une PME ! En 2004, notre bateau *Bonduelle* coûtait 1,8 million. En 2020 ? Entre 6 et 7 millions. Et c'est juste pour la Mobylette !

À cela il faut ajouter 8 % de la valeur de la « Mobylette » chaque année en police d'assurance. Rien que pour *Hubert*, ma société verse 100 000 euros pour une valeur déclarée de 1,1 million. Donc pour ces nouveaux engins qui « volent », il faut budgéter 500 000 euros d'assurance et à la louche 800 000 euros d'amortissement, chaque année. Et tu n'as toujours pas bougé une oreille ! Et tu n'as pas acheté une voile, tu n'as pas acheté le moindre bout, tu n'as pas assuré le moindre développement.

Et je n'évoque pas les honoraires des cabinets d'architecture, qui ont flambé depuis que les foilers se sont imposés il y a huit ans. Et ça se comprend : plus c'est compliqué, plus il faut d'études poussées, de cabinets, d'ingénieurs. J'ai ce gros 4 × 4 des mers, *Hubert*, éprouvé, modifié, allégé. Mon *Hubert* roulerait presque tout seul. (Rires.) Et le plus incroyable dans l'histoire, c'est que plus la complexité est importante, plus la casse est probable. Donc moins tu navigues et plus faible est ton expérience. C'est le principe de la double peine pour le coureur, qui a toutes les difficultés à s'extraire de ce cercle impossible.

Les mois qui précédaient le Vendée, quasi personne ne naviguait sur ces machines extraordinaires, ou alors si peu. Sauf pour alimenter les banques d'images. Et chacun d'entre nous d'applaudir aux vitesses. Moi le premier. Ce sont des machines absolument géniales, les foilers. Mais j'aimerais qu'on ne me fasse pas passer pour le procureur du progrès dans cette affaire. Reste qu'elles sont trop complexes à mes yeux. Et ce panorama n'engage que moi. J'ai pris une voie différente.

600 000 euros, une paire de foils, c'est approximativement le budget de fonctionnement de ton Vendée Globe ?

C'est une fourchette. J'ai quand même bénéficié du jeu de voiles payé par Corum pour la Transat Jacques Vabre 2019 disputée avec Nicolas Troussel à bord d'*Hubert* pour l'entraîner en 60 pieds. C'était notre objectif. Un budget d'aubaine pour nous. Ça ne s'oublie pas.

Tu as déjà entendu à ton propos : « Jean, de toute façon il trouve toujours un sponsor au dernier moment. En plus il est un peu incontrôlable », etc. ?

Pas si directement. (Rires.) J'ajouterais : « On ne sait pas le tenir en laisse. On a la trouille de ce qu'il pourrait dire. De ses réactions face à la presse », etc. Voilà *grosso modo* le ton. L'idée, c'est de trouver un coureur qui serait plus « contrôlable » pour un sponsor. Une génération donc plus jeune.

Davantage soumise, donc ?

Ah non, pas du tout ! Mais disons plus maîtrisable. À mon âge, c'est compliqué de me faire accepter des éléments de langage. Je suis toujours curieux des parcours des P-DG. On dit CEO, aujourd'hui... On peut parler d'homme à homme. Il n'y a pas grand monde qui me déstabilise ou qui me ferait peur, y compris le président de la République, dont personne de sensé ne voudrait le poste. Sérieusement, qui veut être à sa place ? Alors, dit comme ça, les gens vont penser : « Dis donc, il se prend pour qui, Jean Le Cam ? » Ben pour Jean Le Cam, et c'est bien assez de boulot pour un seul homme. (Rires.)

Qu'est-ce qui te fait dire ça ?

Tout simplement parce que la communication se méfie de la moindre vague. Et moi je suis aux yeux des communicants une sorte d'animal un peu dangereux et qui ferait... des vagues. Comme un gros labrador qui s'ébroue en sortant de l'eau. (Rires.)

Un « danger » qui ferait peur aux sponsors ?

Je ne crois pas, et certainement pas à ceux qui sont fidèles à notre histoire en tout cas ! Et avec lesquels j'entretiens une relation puissante et amicale, comme la famille Bonduelle et les dirigeants de WM, et tout ça dépasse de loin une signature au bas d'un contrat. Mais depuis huit ans, peu de gens imaginent aussi qu'on monte, sans bruit, des projets solides, performants, mais toujours à l'arrache. C'est parfois épuisant pour l'équipe. Un peu plus de confort ne nuirait pas aux résultats. Heureusement qu'il existe un noyau de fidèles, comme le Crédit Agricole du Finistère, un acteur historique de mon parcours. Ou encore Ibis. De nouveaux venus se montrent très intéressés par notre projection sur l'avenir. Sans le sponsoring, pas de course. C'est aussi un moyen de cohésion dans les entreprises. De fierté ressentie en interne. Et je prends toujours un grand plaisir à me rendre dans les entreprises et les ateliers pour parler avec les personnels. J'adore ça : transmettre et raconter.

Ta popularité dépasse aujourd'hui le cadre du sport. On imagine que tu croules sous les propositions de sponsoring. Comment expliques-tu ce paradoxe ? Les gens veulent t'embrasser dans la rue et personne ne viendrait embrasser ton histoire ?

Ce n'est pas tout à fait exact, car les choses bougent favorablement depuis quelques mois. Mais c'est le revers de la médaille. Je suis parfois obligé de fermer les volets des bureaux du chantier parce qu'il y a toujours quelqu'un qui vient gentiment toquer pour un selfie, un autographe. C'est pas embarrassant, car je ne refuse jamais. Vu les budgets sur lesquels on navigue, la prise de risque est faible pour un sponsor. La popularité se calme un peu, mais ç'a été délirant pendant six mois.

Être soi-même ne suffit donc pas ?

Je suis mal placé pour répondre. Je suis juste un mec simple qui navigue sur un bateau, disons, un peu plus simple que les autres. Et voudrait à nouveau un bateau simple. C'est simple, non ? (Il rit.)